洋 眼 看 中 国

The Land of
Blue Gown

穿蓝色长袍的国度

〔英〕阿绮波德·立德 著

陈美锦 译

上海三联书店

目　录

译者前言 / 1

第一章　首访北京 / 1

第二章　从引航镇到大沽口 / 9

第三章　烟台八月 / 14

第四章　上海的城墙 / 22

第五章　上海 / 27

第六章　乡村中国 / 34

第七章　春日宁波 / 41

第八章　九月的芜湖 / 53

第九章　龙王洞和龙丘之行 / 58

第十章　阎王爷的府邸——丰都 / 65

第十一章　传教士的穷日子 / 70

第十二章　在重庆农村的生活 / 82

第十三章　西南地区的排外暴动 / 135

第十四章　心惊胆战 / 146

第十五章　温塘 / 154

第十六章　艰苦的进藏之路 / 160

第十七章　布置餐桌比赛 / 171

第十八章　传教士的职责 / 176

第十九章　反对裹脚运动（一）／ 185

第二十章　反对裹脚行动（二）／ 201

译者前言 >>>

在崇尚男女平等的今天，女人缠足已经成为历史。可是大约一个世纪以前，中国女性还在饱受缠足带来的折磨。康熙帝曾经下诏禁止汉人缠足，但遭到了朝中大臣的强烈反对，还有一些满族女子也仿效汉族女人缠足。

中国女性最终能够从缠足的痛苦中解脱出来，有很大一部分功劳要归于一位西方女子，她就是阿绮波德·立德夫人（1845—1926）。立德夫人是英国在华著名商人立德之妻。19世纪80年代中期，她穿着高跟鞋，提着装有精美的咖啡杯、雅致的桌布以及银制餐具的箱子，从英国坐船来到中国，追随经商的丈夫到处游历，一边游历一边用文字将她的所见所闻真实地记录下来。

游历期间，立德夫人目睹了中国女人缠足的痛苦。在她看来，强行裹成的小脚不但毫无美感可言，而且致使无数中国女人失去健全的双脚，甚至夺走了一些幼女的生命，这让同样身为女人但拥有自我的她痛惜不已。可是，中国女人一向习惯了逆来顺受，不敢说出一个"不"字，于是愤怒的立德夫人站了出来，大声疾呼："妇女不仅占了全国人口的一半，而且是另一半人的母亲。肢体不全、愚昧多病的母亲生育和抚养的儿子，会和他的母亲一样。自从缠足在中国盛行之后，中华帝国从没诞生过一个赢得万世景仰的男人。人

1

们不禁大声呼喊：'他在哪里？'"从此以后，立德夫人开始不遗余力地投入到废除缠足陋习的活动中。19世纪90年代末期，她在中国南方成立了"天足会"，到处宣传缠足的危害，号召中国人不再缠足。

在汉口的剧院里，商会会长亲自安排座位，请官员来听立德夫人演讲。官员虽然大驾光临了，却很不情愿，因为他们觉得，由一个外国女人来跟他们讨论女人的脚这一敏感话题是不可思议的。政府官员的威慑力吓得立德夫人的翻译临阵退缩，幸亏一位会说中文的传教士及时赶来救场，演讲才得以进行。这次经历让立德夫人意识到了权威在中国的重要性，于是她想办法取得了湖广总督张之洞的支持，并把张之洞反对缠足的题字悬挂在会场里，果然很有效。不仅如此，立德夫人还通过一位西医联系到了直隶总督兼北洋通商大臣李鸿章，试图请他也题字支持天足运动。她说："我不忍心看小女孩们因为裹脚而哇哇地哭。"李鸿章回答："你想让我叫全国的女人都不裹脚？不，我没有那么大的权力。"立德夫人灵机一动，请他在自己的扇子上写点东西，权当他是认可天足运动的。李鸿章最终同意了，却说："你知道，如果妇女都不裹脚了，那么她们就会变得像男人一样强壮，她们会合力推翻朝廷的。"此后每次演讲，立德夫人都会展示李鸿章的题词，确实极有分量。

立德夫人就这样取得了中国官方的支持。为了推广天足运动，她在几年时间里几乎走遍了中国南方的所有通商口岸，克服重重困难，唤醒无数的缠足妇女，使她们大胆地扔掉了裹脚布，甚至影响到慈禧太后，使慈禧太后下达了让官员劝止缠足的诏令。

当然了，缠足陋习得以废除，并非立德夫人一人之功，书中对西方人的作用也有所夸大。不过，立德夫人作为一个西方女子，原本可以像其他在中国游历的外国女人一样过平淡、闲适的生活，她却因为不忍心看中国女人继续忍受缠足之苦而付出如此巨大的努力，实在难能可贵。当时的福州道台对她说："中国以前只有一个观音菩萨，现在有两个，你就是第二个。"这应该是对立德夫人这一行为的最高评价吧。

本书是立德夫人在中国的游记作品，初版于 1901 年，以后多次再版。书中除了讲述反对缠足的经历之外，还讲述了作者在中国十多个城市的所见所闻，描写了当地的风俗民情，以一个外国人的视角捕捉了一些被历史遗漏的细节，向读者展示了平民百姓对一个民族历史变迁的推动作用，值得一读。其中，作者面对彼时中国的状况，表现出强烈的文化优越感，故而某些看法略嫌偏颇，如谈到传教士的作用时，便明显带有"救世主"的意味。

为了完整、准确地反映原著的风采，此书的翻译过程中，译者参考了中华书局和金城出版社的译本，在此表示感谢。书中如有瑕疵，希望读者不吝赐教。

第一章　首访北京

从北京归来，我一直在想，北京城真是我见过的最奇妙的地方。

天津再次映入眼帘时，新修的铁路和火车头显得尤为醒目。同欧洲相比，这铁路和火车头都太古老了，让人有种穿越了好几个世纪的感觉。仅仅三天前，我们还是骑着马出的北京城呢！伴着刺耳的汽笛声，天津的铁匠们正起劲儿地打着铁。河堤上，赶着驴和马的水兵慢慢走着。领事馆门外，停着一艘军舰，上面插着英国皇家快艇中队的舰旗。

记得三天前我们离开北京时，行李是用褐色的双峰骆驼驮着的。空气中弥漫的气味，让我们觉得此时所处的时代是如此肮脏。北京公共卫生的管理糟糕到令人吃惊的程度，前几天城门外那几个新弄的化粪池是仅有的卫生设施，下水道就更没有了。我闻着令人作呕的气味，心想，北京到底是大都市还是小乡村呢？真令人疑惑。不过化粪池的出现，已经让我们心里觉得有些安慰了，毕竟这是改变城市面貌的新举措。

我很讨厌美学、卫生学、社会经济学这些伦敦来的新事物，所以，去北京旅行，让我和那些与我有同样感受的人异常兴奋。奎宁虽然治病很灵，吃起来却苦得很；北京虽然有效调整了我们的心境，却也给人带来了不少苦恼。

帝王家的琉璃瓦在阳光下闪闪发光，站在汉白玉桥附近，或者在煤山上都能看到。当然，北京令人为之惊叹的东西还有牌楼、亭子、一尘不染的空气……一切都在阳光的沐浴下变得更加美丽，连泥墙也不例外。牌楼上的深蓝、嫩绿、朱红，与盘在上面的金色长龙显得分外和谐。

在西方，只有男人才穿长裤，而中国妇女几百年来都在穿。她们只有旗袍，没有裙子。我们跟这些最温顺的男人、女人走在一起，深刻感受到他们是如此驯服，时刻准备着，为那些乘坐八抬大轿的大官和骑马的侍卫让路。

我们乘船沿着白河慢慢往下游走，与我们同行的是一位候补道台和他的随从。道台的脸色很不好，白中带灰，而且面无表情，吸烟很凶，一句话也没跟我们说过。就官宦世家的人来说，他是我见过的最羸弱的一个。如果不努力提醒自己，我们就经常会忘记这位乘船同行的人是位即将走马上任的官员。

事物的外表往往受到人们的重视，可我们却没有见过北京大考场的样子。三年一次的全国科举考试就要开始了，在这种考试中，中国的男人们全力以赴地冲杀着。成功的，会得到高官厚禄，即使去世也不会被人忘记，因为他们的名字会被深深地刻在大石碑上，受人瞻仰。中国最奇特的事物之一就是这里的考场了，即使中国最出色的男人凭它建立了功业，也改变不了这一点。从毁灭人性的角度来说，就算是意大利的古罗马也没法跟它相比。

据说意大利异教的庙宇，已经有好几个世纪没有举行过宗教仪式了，可是，回想我走进去时的情形，感觉同北京比起来，它的宗教仪式应该算是一直没有停止过。每年在围城之前，北京的庙宇都要举行至少两次盛大的仪式。我了解到的情况是，释迦牟尼和观音菩萨在中国的情形，比不上阿波罗和丘比特在欧洲那么受欢迎。因为我从没见过中国其他地方举行宗教仪式，即使小规模的也没见过。

大概在中国人的心目中，极为珍视和敬仰佛教、道教、儒教吧？可几个月之后，我开始怀疑这一点。因为，宗教在中国留下的痕迹只有庙宇与神像。假如宗教的象征只是庙宇和圣像，那么古罗马得有多少种宗教呢？我曾给来伦敦的外国人做导游，去参观威斯敏斯特大教堂（它是前英国国会的所在地，英国国会包括两部分：长老院[即上院]和平民院[即下院]）。

我们当时正赶上平民院的一些议员做祈祷，那种庄重和肃穆的感觉，深深感染了外国客人，尽管他们并不信基督。有一位女游客来自德国，性格很活泼，上前小声问道："我们能用小望远镜看看这些漂亮的建筑吗？"而在孔庙，谁会因为用不用望远镜而犹豫不决呢？后来我们又准备去长老院参观，却被拒绝了，因为议院的长老还没做祈祷，所以里面的情形不得而知。一位警察告诉我们，祈祷的时候，任何人都不能窥探里面的情形。一位瑞典教授很认真地问："每天都会做这样的祈祷吗？每一天吗？假如是真的，我只能说，我对英国的印象是——奇妙。"

中国人最令我感到吃惊的一点，是漠视法规，而这点也开始显现在住在这里的欧洲人身上。这充分证明，漠视是多么符合人性。举个例子来说，我能听到一个住在中国的西方妇女，随便将野餐时间改到星期日。我这一生去过很多国家，基本是在国外度过，而第一次也是唯一一次听到这样的话，就是在中国。对于住在中国的人来说，星期天用来野餐已经约定俗成，并没有什么奇怪的。她们还会辩解道："星期天就是用来放松休闲的。"如果在伦敦或雾气腾腾的利物浦听到这句话，结果会怎样呢？

教堂在欧洲的文明国度里随处都能见到，而中国则没有几座。我经常想起一位海关检察官说的话："人们都说中国人信奉基督教是英国人的功劳，而实际上英国人放弃基督教倒是中国人的功劳。"北京城像个大旅馆，里面住着各种各样的人。我不禁自问，到底是什么吸引着这些人呢？满族人曾经把它征服，结果却臣服于它。举目四望，发现周围的一切既让人感到无奈，又令人厌恶。这样的北京真是可怕！

有人告诉我，中国人对很多事都很麻木、冷漠，只对钱感兴趣。他们经常讨论钱的问题，而且只有这一个话题。不过，我想问，欧洲人来中国的目的是什么？除了钱，还有别的吗？那些传教士们被派往中国，口中默念着"钱财是万恶之源"，实际上也没有离开过赚钱吧？

北京有很多美丽的花园，里面的鲜花五颜六色。我们从公园门口经过的时候，看到从里面出来的人手上都抱着一大捧晚香玉。前门（即正门）的周围香气四溢，那是一些小树散发出来的，它们正排得整整齐齐地等待出售。中国人很偏爱香味非常浓厚的花，且对花的欣赏似乎只停留在香气上。从这一点上来说，中国人是幸运的，他们只对让他们心情好的味道有反应，而对那些气味不好的花连看都不看。

北京到处都是树木，根本不像人口众多的城市，而像一个大公园，尤其是站在城墙上面看，感觉更是如此。每个宫殿的院子里都至少有一棵树，庭院大一些的地方更是被树占满，就连宫殿外面也耸立着一排排苍翠茂盛的树木。大概古时候的北京真的像它所规划的那样，如果我能看到那时候的北京，肯定会赞叹它的雄伟，因为世界上没有一个城市能和它相比。站在钟楼或鼓楼上向对面望去，就可以感受到北京城宏大的规模。同时可以看出，它的透视和布局也很讲究，既有细致的装点，又彼此保持着完美的距离。钟楼上的阳台，单看很普通，可从整体上来看，却是再壮观不过的了。

蒙古人出色的地方，恰恰是英国人的不足之处。比如我们英国的法院和新帝国学院，若是忽必烈肯定会拒绝在当初的选址文件上签字的。世界上任何一个城市的宏伟与壮观，都不能同北京相比。作为历史遗迹，北京非常吸引人。住在威严的宫殿里，随身而伴的往往是奢华，但不一定是舒适。他们几乎想不起来走到外面去，每每外出，必定贴身带着不止一排侍卫。这些侍卫为了保护自己的主子不被百姓的浊气污染，每次都会将路上的人全部赶走。或许那些思想开放的年轻人，还有那些善良的女子们，坐着轿子经过的时候，会偷偷掀开轿帘，遗憾而充满同情地看看普通百姓吧？

这些老百姓的思想保守而落后，尽管身体残缺、生着脓疮、衣服破烂得仅能遮羞，却抵触任何能改变命运的努力。北京的大街上，到处流窜着好吃懒做的流氓无赖。这些人很多都是大人物家里的食客，专门为大人物叫嚣打架。这些大人物的院子里，种满了各种树木，它们在深宅大院过的是遮风挡雨的生活，可大人物早晚会对它们由怜惜变成漠视甚至厌恶。有时我会在大街上看到笑意盈盈的满族女子，她们坐在马车上，长相很清秀。就那样宁静而面带善意地欣赏着这个城市和它的街道，如同欣赏那些中世纪或世界历史当中的著名人物。

忽必烈与他的继承者，是否在这个城市的清洁与管理问题上动过脑筋，历史上并没有明确记载。如今北京这座城市已经变得破破烂烂，设计上的完美与雄浑，丝毫改变不了它留给我的感觉——遗憾。

我的这种遗憾，在回通州的路上一点点升级，最终由感慨变成了愤怒。通州大街上到处都是垃圾，混乱极了。路面凹凸不平，全是乱七八糟的车辙印，马车走在上面不停地颠来颠去，就像浪尖上的孤舟。马和骡子拉得费劲，赶车的汉子赤裸着古铜色的上身在后面推得也费劲。即使这样，车轮前进得也很勉强。一年又一年，他们都是这样拼命地挣扎着，把沉重的马车从那些本不该存在的车辙里推出来，不顾生死。我为此感到悲哀，这种简单而原始的工作居然让这些强壮的劳动力来做。我们都知道体力劳动有多么高尚，可也该得到恰当的运用，而不该随便消耗掉。

真该修修路了！到时候通州的路好走了，汉子们同样要流汗，骡子、马一样要拉车，可结果却能给自己和别人带来更多的便利，那该多好啊！而此时，我在他们脸上看到的只是早熟与粗俗，还有浑身的伤痕。孩子们面色苍白，头上生着脓疮，眼神也不好。在中国，穷人感觉不到痛苦，于是有人便妄下评论说，中国到处是欢乐的笑声，因为中国人的生活中没有忧虑。我们的黑奴当中也能听到欢乐的笑声，可谁又想做黑奴呢？谁愿意与中国人民交换一下，像他们一样去承受人为制造的贫穷与苦难呢?

中国人贫穷困苦的境遇越来越严重了,我为此感到心情沉重。造成他们种种困境的原因,并不是气候、土地和他们的性情。因为,假如政府支持的话,肯定会有人去争先恐后修路的。到时候,他们会把路上那些障碍全都铲除,将每一条路都变得面目一新。欧洲人来到北京,也会惊喜于它的巨大变化。

阿尔马非总让我有种穿行在中世纪的感觉,因为那儿的街道黑乎乎的,满是窄窄的石阶,每层石阶都成了坏人藏身的好去处。身份不俗的女士们走在石阶上时,总是小心翼翼的,担心弄脏自己雪白的裙子,或者是担心碰到坏人。同阿尔马非比起来,北京规模比较大,可所处的时代应该更加蛮荒。整个北京城上空都弥漫着紫禁城的神秘气氛,欧洲人是禁止踏进紫禁城的,而里面那位小皇帝也从没有出来过。

皇太后应该是个意志坚强的人,因为她决定做的事情就会坚持做下去,直到完成。她真是个有个性的人!难道她不曾用自己手中的权柄,关注抚慰过百姓的疾苦,而只热衷于权力吗?高贵的维多利亚女王曾经拥有过丈夫给她的爱,她自己也有过母性的仁厚,这位中国的皇太后呢?她曾经历过这些吗?年幼的皇帝一本正经地坐在前面,她在后头垂帘听政,下面是恭恭敬敬跪着的大臣们。此时的她,能否感受到中国千百年来对人性的束缚呢?她也对变革充满畏惧吗?或许因为她只是个女人,也和其他女人一样坚贞地固守旧的秩序。可是,她找出个荒唐的理由,说教堂的钟楼有窥视皇家花园之嫌,便下令让塔利亚布主教和他的神父搬走,从而占有了教堂,这说明什么?只能说她不仅仅是个女人,所追求的也不仅仅是权力。

她并不害怕新事物，更不顽固守旧。

阿玛德·大卫神父那里收藏了中国鸟和教堂的管风琴，她得知后，叮嘱对方一定要完好无缺地给她留着。有人说，她曾经想过在教堂里接见外国人，把那里当作大礼堂。如果她真的能接见外国人，那么作为历史遗迹的北京城肯定很快就会恢复昔日的风采，同世界上的其他城市媲美了！

把北京城弄成别的城市那样，有什么好处呢？我曾听白金汉宫的管家说过一段话，每每想起来，心里都会疼痛。他说："波斯国王是个绅士，他每天都睡在床上，即使星期天也如此。"波斯王国的那些嫔妃们，总希望人们觉得她们已经被欧化，所以一般都会去看芭蕾舞表演。北京历史悠久，过去曾经那般辉煌。明代的劳动人民修筑了我们脚下这段石头路，从通州直达北京城。在这条路上，人、马、骡子都在奔命似的挣扎着挪动车子，走路的人只好躲到大路两边的野地里。我心里暗自叹息，这还不如没有路！眼前的一切让我的心里非常感慨、愤怒！想到酷热的夏日和严寒的冬天，这样的情形会不断发生，并且伴着尘土或者冰冷的雨雪，我的感慨与愤怒便强烈到无法形容了！

英国人的污水把河流和海洋污染了，那么中国人对自己的所作所为怎么看呢？人类的生活会随着自然环境的日趋恶化而改变，伦敦大雾给贸易和人们外出带来极大不便，可我们对此却习以为常。这在中国人看来，大概会认为改善是早晚的事，跟通州大路上的车辙一样。

每个民族都无视于自己的缺点，却能瞪大眼睛发现邻居的不足。

第二章　从引航镇到大沽口

　　引航镇离大沽不远。以前，这里只是一个居住引航员的小镇，并不吸引人，所以那时人们乘船从大沽口经过，上岸寻访的人非常少。况且又有很多耸人听闻的说法，什么大沽口只有两英里宽，引航员在这里引航简直就是自杀之类的。当然，这毕竟是传言，引航员们个个都活得好好的，小镇也被他们侍弄得井井有条，甚至让人觉得这里的空气都充满了健康的味道。泥巴的墙壁和屋顶，与附近的其他中国乡村一样。可是，粉刷之后就不一样了，泥墙雪白雪白的，门柱则是煤焦油的乌黑，给人清新明快的感觉，两相应和着，富于动感。

　　整个小镇的确值得人们停下来欣赏。传统的英国村庄非常向往把绿地作为中心，而引航镇就是这样，草地网球场是这里的中心。我们刚刚到达这里时，就看到了草地上的两块网球场，它们似乎是这里的公共设施，边上还摆放着一些长椅，应该是欣赏比赛用的。

小镇上住着十三位外国女士，听说在她们的影响下小镇发生了很大变化，包括人们生活的方式。这里也有狂欢节，尽管规模没法与北京、上海比，却也能带给人们无尽的快乐。"出游、宴饮、舞会，对于中国的北方来说，没有什么活动不是以舞会作为尾声的。"

大沽口左边的乡村，就没什么可看的了，即使是最不挑剔的游客也难以说出它哪里迷人。斯奈格斯比先生经常说："假如不用过分夸奖的话。"这句话可以这样理解：这儿的乡村最多算是块泥地，平坦得犹如海水退去的沙滩。引航镇有一条通往大沽口的公路，是镇上的居民自己修的。他们不断地为它增高，防止洪水来袭时公路垮掉。整个镇子如同褐色平原上点缀的一块绿洲，高大的树木与灌木随处可见。里面的街道并不宽，但平坦得很，全都铺上了砖石，既防水，又显得整洁。这样说吧，我们可以想象：在一个自然条件很恶劣的地方，几位老引航员居然给自己创造了一个整洁宜人的居住场所。

一般来说，引航员这种特殊的工种，社会应该予以认同，可引航镇找不到一个牧师，或一个教堂，甚至连礼拜堂都看不到。要想做礼拜，只能等到偶尔有传教士经过时才行。冬季来临的时候，海面与河流都被冰封住，北上的船只能在烟台靠岸装卸。引航镇在整整三个月里面，都是与外界隔绝开的。没事做的引航员们，整个冬天都在骑马、滑雪、跳舞。看起来生活得很是惬意，可也有人不怀好意地说，引航员们总是争吵。当然了，与外界的一切隔绝开来，没事就看着彼此在网球场上来来回回地消磨时光，这种生活也实在难以想象。

对中国的北方来说，球场基本上都是非常泥泞的，引航镇的草地网球场也是这样。请原谅我下面要说的话：引航镇的精神生活很贫乏，社会生活也非常庸俗，同精神生活比起来没强到哪里去。这儿没有市长，当然也不会有市政府，更别提什么相应的行政部门了。不过，令人感到庆幸的是，镇上的一个居民很有经济头脑，开了家大沽旅馆。房子里摆放了两张台球桌，院子里开放着兴高采烈的向日葵，全镇的居民都为此感到骄傲。

有时候，天津一些想呼吸新鲜空气的城里人，会住进大沽旅馆。而《中国时报》总能抓住这些充满时尚气息的消息，马上刊登了出来。据报道，就在前几天，一对新婚夫妇还专门到大沽旅馆度蜜月。基本上，除去睡觉，大沽旅馆也没有什么其他的用途。只有一点值得一提，那就是引航镇的空气新鲜，而大沽旅馆又给客人带来了家的感觉。

在引航镇外有一条路，常有人来往。想出镇必须走这里 ——由引航人自己修建并多次增高的公路。在这条路上直着走，然后穿过泥乎乎的沼泽，就到了大沽镇，往左便是大沽炮台。英法联军曾经在颐和园（编者按：此处应为圆明园）给了中国人警示，可中国人并没有记住教训。当时，大沽炮台被攻陷，英国人从背后辗转进攻，这种做法令中国人不齿。在中国人看来，对方在开战前必定会有锣鼓声警示，而且起码是正面进攻，否则就不够正大光明。出入大沽炮台必须有证件，而实际上通过炮台大门就可以看到你所关注的一切：士兵们衣帽歪斜、毫无士气，军官们穿着褪了色的蓝紫色长衫、面露愁色，完全没有军人的气势。而这种样子，与他们的年龄无关——他们都是年轻人。

来大沽的英国人，大部分都会去一个地方 ——炮台附近1860年至1862年间葬身华北的英国军人墓地。墓园大门敞开着，里面只剩下破烂的围墙。墓碑被推倒了，地上散落着被拆掉的墓砖。其中一块石碑还可以辨认出字迹来，是死者的一位朋友所立，纪念的是阵亡的皇家炮兵和工程兵。

一些并非好材料的墓碑，却幸运地保存下来了。比如英国皇家海军舰艇"维泽尔号"上六名水手与两个司炉工的墓碑，是简易的木制碑，它静静地立在墓前，上面的碑文还清晰可辨。我想，这肯定是船上的木匠为了纪念曾经一起吃饭的战友，挑选了能找到的最好的木料精心雕刻而成，不然不会如此精致。花岗岩与石碑经过多年的风吹雨打，已经破损不堪，而木制的墓碑上却没有任何风霜的痕迹。有一块墓碑属于一个叫马拉奇·努简特的舰长，他于 1867 年去世。还有一块属于二等兵墨菲。另有一块墓碑上只剩下主人的阵亡时间——1899 年。最大的一块墓碑，铭刻着某旅在 1860 年至 1862 年间的阵亡将士名单，由于前面的两个单词已经模糊，不知是哪个旅。

这块土地上的墓园属于英国人。引航镇的居民为了保护它，曾经四处寻求帮助，不仅向英国领事求援，而且曾打算给卫斯理大臣上书。他们还产生过修整墓园的想法，以便在因大赦而狂欢时把它作为礼物献给女王，因为逝者毕竟是为效忠女王而阵亡在中国华北的。可因为某种世俗的原因，镇上的居民丢掉了这个念头，觉得还是不挑这个头儿为好。毕竟这些阵亡的将士与引航员没有任何关系，他们只负责引航，偶然住在了墓园附近，没道理还得为英国守护它。

墓园的修整大概要花费不少钱。由于侵略中国，我们倒下了那么多将士，如今他们的墓碑却正一点一点地毁在中国人的后代手中。如果大英帝国觉得修整费用太高，不如在墓园里种上些花草，将仅剩的那些墓碑送进北京的公使馆教堂，这不是比看着它们继续被毁掉好些吗？毁掉墓碑的罪魁祸首不是光阴、洪水、风霜，而是人的双手；那将墓碑推倒、运走、偷窃，将墓园围墙拆毁的真凶就是人。

同是这样的手，居然把一具中国人的尸体停放在这儿——这座英国人的墓园，在英国人的坟墓中间。尸体只是草草盖了块席子，尽管停放的时间不长，可中国人一向敬畏死者，现在居然将同胞的尸体与英国人的坟墓放在一起，简直有些不可思议。况且，这块墓园是英国人的，当年英国人在纷乱中占领这里，出钱修建了墓园。

将来扩建大沽炮台时，不知道中国政府会不会征用这块土地做外围工事呢？假如中国政府真的这么做，谁又会出面维护墓园呢？中国人一盖房子，就来拆毁墓园的材料，这种做法怎么没人制止呢？不会只剩下墓穴里的士兵与水手的灵魂在看守这里吧？

我们一个挨一个地检视着墓穴，旁边围了一圈中国人。每当我们对着墓碑上模糊的字迹一筹莫展时，他们麻木的面庞就会显得很奇怪。那些守卫大沽炮台的中国士兵，每天都要穿过这里，常把这片安息英国将士的墓园当作玩笑，戏弄来戏弄去。所以说，最好趁着这些碑文还残存的时候快点修整墓园。

这是 1901 年访问大沽的所见所闻。相对于北京来说，这些年来，大沽炮台成为我们的士兵安全的安息之所。修建在大沽的墓园，能方便英国海军造访此地。不管什么时候，英国海军始终都是英国荣誉最好的守护者。

第三章　烟台八月

最令我感到诧异的是，生活在中国的欧洲妇女，大部分显得很憔悴，提不起精神来。女人们衰老得很早，男人们却满面红光，显得很年轻，比如一位 35 岁的男子居然被我当作 22 岁的年轻人。这是什么原因？参观上海跑马场时，我一看到那里的欧洲人，心里就产生了这个疑问。不过，从烟台归来，这个问题已经迎刃而解了。

这里的英国女人基本上都戴着羊皮手套，腰束得紧紧的。每次看到这样的装扮，我都会觉得她们是准备坐马车去海德公园的，尽管当时温度已经超过 10 摄氏度了。这几个月，烟台的气温一直在 30 摄氏度以上，那么这些女人应该是连续几个月都很少外出，更别说锻炼身体了。大部分女性不玩草地网球，也不骑马；外出散步、划船、游泳、打猎、板球、网球这些娱乐活动，都被男人包揽了 —— 我想，这就是男人容光焕发，而女士们花容憔悴的原因。

法国北部那些浴场里，有很多来自巴黎上流社会的人，他们整天穿着肥大随意的衣服到处晃，想尽力摆脱日常正装带来的束缚感。巴黎人中意那些比较原始的浴场，英国女士们却不大喜欢。她们总是怡然自乐地穿着泳衣，裹着浴巾，遮挡在阳伞下。在英国的海滨，女士们总是身穿白色亚麻布的衣服，看起来似乎要开始一场十英里的远足，或者准备去攀岩。可事实上，不管是攀岩还是远足，甚至在海边玩耍，都看不到她们的身影。

中国接纳了世界各地的人。起初我总觉得，生活在这里的欧洲女人，不会像法国浴场上那些女士那么不矜持，也不会像英国海滨的女士那么刻板守旧。可她们的脸色同样憔悴不堪，是什么原因导致的呢？其实，说起来并不复杂——她们的衣服是紧裹着的，高跟鞋是紧勒着的，这季节如此潮湿闷热，手套还一刻不离身，稍稍活动一下就会出很多汗，足可以把手套毁掉。她们总是一副萎靡不振的样子，脸上惨白惨白的，出门基本全都靠轿子代步。就算到了海边，她们也会在轿子里坐得很端正，仿佛在海德公园继续着上海的话题似的。

烟台是个风景迷人的地方，天气虽然热，可空气是新鲜的，还可以看到蓝得不能再蓝的大海。电灯是没有的，不过，在这夏夜，单单是星光与银色的月光就能让烟台明亮起来，如同骚塞的《科荷马的诅咒》中所描写的那样。这儿基本上见不到树木与绿叶。由于地处一个奇妙的海湾，整个烟台都被周围的小山环抱着，只有西边留了个口。同伯雷恩肯堡和斯海福宁恩比起来，烟台算是高的，可与霍利赫德和埃德达的地势比起来，就不相上下了。

在烟台，很多地方都能让我想起霍利赫德。海湾边上有座秃山，山后面就是烟台。它与美洲隔海相望，中间坐落着日本列岛与朝鲜半岛。同烟台一样，霍利赫德的大海也是湛蓝湛蓝的，海拔高度大概与烟台的小山持平。一想到冬天里肆无忌惮的风暴，霍利赫德就会真切地出现在我的脑海中。烟台南部那些青黑色的山峰雨量就少得多，同霍利赫德比起来，简直就像是来自阿拉伯沙漠，似乎从上帝造人那时起就没下过雨。

泽富村和烟台城那样的石头建筑，在霍利赫德是看不到的。烟台城里的墙也很独特，整个城墙都是用不规整的石头砌的，灰色的泥土勾缝，非常坚实牢固。就算是烟台最糟糕的房屋（其实对烟台来说，最糟糕的房屋基本不存在），都拥有让任何国家的古堡羡慕的围墙。在烟台，房屋的每个部分都很精致，屋顶、门窗、院墙上全都细细绘制着黑白两色的格子。有的房屋，还装饰着朴素大方的图案，也是黑白两色的。

如今，在欧洲人的作用下，烟台成了一个超级俱乐部——富有、凉爽、通风效果好，最大的特点就是思想开放。这一切都得益于那些出过力的欧洲人。这里有一个网球俱乐部，还有很多大大小小的教堂，那些小一点的教堂可以提供给任何宗教的信徒。烟台的欧洲人把一切能为客人做的，都做到了，并且真正落到实处。比如，禁止中国人在欧洲人的旅馆前游泳（中国人游泳是赤裸着身子的），这样的要求，他们居然可以落实到道台身上。

中国人习惯于等待，在等待中消磨时间，耗费精力，来自欧洲的人对此无不感到诧异。中国人连与我们谈生意的热情都没有，更别提赚钱了。那些引诱人掏钱的事物——海上挂着花的彩船、沙滩上出租用的椅子、姑娘手中卖的鲜花，在烟台是看不到的，等人雇佣的彩妆马与小毛驴、轿子，这些在烟台也一律绝迹。在这里，也听不到江湖艺人那恼人的音乐。

很快，室温就会超过32摄氏度。此时的烟台，已经由初来时清凉的东北风变成了西南风，它吹来了期盼已久的雨水，可之后便是火一般炙烤的阳光，整个天空似乎都快被烤化了，大地一片干涸。

在烟台，逛庙会、爬灯塔、游览怪石森森的岛屿，想做什么就做什么，甚至还可以骑马、游泳以及在海上划船玩。欧洲的沙滩上，总有小贩不停地叫卖，欧洲人的着装也时尚而华贵，总能把我带回到过去。英格兰的朋友和我都觉得很奇怪 —— 中国人并没什么特别的吸引人之处。

中国和英国属于不同体制的国家，我热爱英国，所以，很怀疑到国外旅行是否真的很有意思。虽然烟台在中国是有名的海滨浴场，而我们也恰好赶在烟台最好的季节来到这里，可我怎么也看不出烟台好在哪里。

夏去秋来，炎热的日子被秋高气爽悄悄取代，这样的日子还会延续很长时间。风总那么柔和，出海的人总能准时归来，晚餐也可以按时吃上。当然，暴雨也会猝然而至。每到这样的时刻，我就像在英格兰的家里似的，陷入"秋风秋雨愁煞人"的情绪。只是，烟台的天气真是没什么可抱怨的。空气清洁而凉爽，整天在外面跑都不会有冷的感觉；即使晚上沉醉于夜色之中，都不用担心着凉。可是，这种一成不变如同舞台背景一样的景色，我实在是有些看烦了。

站在走廊里向远处望去，景色也的确很好。从走廊的栏杆与遮挡太阳的芦苇帘子间向外望去，可以看到瓦蓝瓦蓝的大海，远处的海面上还有岛屿和灯塔。左侧有些突起的礁石，还有些上面建着平房的小山。每到落潮的时候，它们绿色的影子就会闪现在海上，我一直期盼着它们能发生些变化。有一队天主教修女经常站在岩石旁边，或者从海滩上走过，脸色都很憔悴，身后飘着灰白色的头巾。她们身穿灰白色的长裙，远望去如同一队身着素服的使者。

清晨，太阳刚露头，灯塔就熄灭了；晚霞的余晖刚刚退去，灯塔又再次亮起来。我在床上躺着，就能看到这一切景致。我真希望它们能变一变——这种光影交替的景致，舞台上实在见得太多了，不仅如此，还配合着柔美的音乐，一会儿是反面角色，一会儿是白衣飘飘披散头发的女主角，轮番上演。

烟台的景色似乎是很难改变的。沿着海滩，你可以看到小岛、小山、蔚蓝的大海，还能看到每天按时点亮的灯塔。即使爬上那些秃秃的小山，极目远望到的景色依然还是这些。离我住的地方最近的一座高山在泽富村边，一次我爬上了它的山顶，当时正好是夕阳西下时分，整个山顶笼罩在太阳的余晖中，一切都显得那么生气勃勃。小路上的昆虫比较大，似乎是螳螂或者蜘蛛的孩子，它们令这里充满生的气息。浑身碧绿的合掌螳螂，大概是与它们亲缘最近的昆虫了。这种螳螂双掌合十，跪在那里像是在祈祷一样，中国人管它们叫"角斗士"。

数不清的蜻蜓呼扇着薄纱一般的翅膀，在空中飞来飞去抓着猎物。一旦饱餐完毕，它们就开始结队飞行，看起来欢乐得很，可爱极了！我几乎可以感觉到它们的翅膀扇动起来的气流，如果不是肚子饿得叫起来，我真想就待在这里不再回去。

当我回到海滩上的时候，热意已经退去，人们开始三三两两地野餐、散步。

烟台的传教士们有四项工作，其中他们最想做的就是让中国人改变信仰，改信基督教。我无法得知传教士们的工作产生了怎样的效果，但觉得绝对不能忽视他们所做的其他令人瞩目的工作。

尼维斯教士，是美国长老会的，他往烟台引进了一种梨。到了九月，游客们都可以吃到这种梨——这得感谢尼维斯。这是一种肉质脆软、味美多汁的梨。中国人在烟台种起了这种梨，并拿到市场上去卖。后来由于得到广泛推广，价格越来越高。同时，更多的中国人纷纷来加入天主教。

这位好心的教士还引进了一种美味的葡萄，极其甘甜。我曾经品尝过，感觉即使是马德拉葡萄和梅浪葡萄在最兴盛的时期也比不上它。另外，天主教士还引进了土豆。对于中国人的语言与风俗习惯，传教士也很有研究，所以他们成了我们求教的对象。这些具有极大献身精神的男女，实在有着过人的精力。虽然没能改变人们的思想与生活习惯，可他们的努力还是得到了收获。尽管种下的是豆，得到的是瓜，但他们依然无须愧对那些最崇高的赞美。

传教士在烟台并不多见，因此对山东我不是十分了解。山东是中国最古老的省份之一，更是中国文化的圣地。山东的岩石属于远古时期的劳伦系，马尔文比也曾出现过同样的岩石，直到圣劳伦斯海岸产生之前，但后来再也没有了。如今，我们在烟台发现了这种石头，点缀着石榴石的云母岩熠熠发光，白色的大理石、粉红的石灰岩令人心生爱意。

住在租界的人一般都在租界里活动，只有两种情况除外——去山下散步，或者站在金黄的海滩上遥望大海。

我们周围全是突兀重叠的小山，要下很大的决心才敢走进山里去。而且一定要谨慎选择进山路线，以避开那些不大干净的中国房屋。这些房子临街的一边都有条排水沟，尽管不大，但是散发恶臭与污秽的程度可以和北京一较高下。中国的城镇又小又脏乱，有着中国独有的气味，如同蚂蟥紧追着你不放——那是饿肚子时最不想闻到的。我们像欧椋鸟一样叹息着，因为即使想躲也躲不掉。在中国，烟台并没有成为迷人的海滨胜地，假如它在别的国家肯定不会是这样。我记起《爱丽丝漫游奇境记》里那只猫，爱丽丝曾这样说它："通常情况下，我看到猫是不会咧嘴的，可是，如果没有猫我也不会咧嘴。"

第四章　上海的城墙

潮水不断往上涌，速度很快，海面上吹来阵阵微带凉意的东北风。窗外不断有帆船逆潮而过，我看着这些有着五面风帆的船只，怎么也坐不住了。远处驶来一艘挂着红色帆布的船只，真像是洒满阳光的高大的栗子树。又有一艘汽船驶来，上面挂着欧洲的旗帜，它是期限不固定的远洋货船，航程很漫长，装船的货主不知会不会付运费，大概会吧，也可能不用付。远远望去，在那些笨拙的帆船中间，汽船显得格外轻盈。同时吸引着我的，还有灿烂的阳光、凉爽的风，我再也抑制不住对它们的渴望，把手套和帽子抓在手里就冲出去了。我看也不看一眼身边驶过的那些棕色或者红色的帆，一心想着：远处冒着浓烟的，是不是我日思夜想的家乡船？是她吗？真的是，尽管船上的礼炮还没有响起，但我知道，她肯定带来了家乡的消息。

她对身在上海的欧洲人说，她带来了他们老母亲的万般叮咛，带来了家里孩子的期盼，与妻子的思念；还带来了茶叶的行情、丝绸的需求量……每次接过这些信件时，我们的双手都激动得微微颤抖，想急切地看到里面的内容。可就算是礼炮响起，我们也没法立刻拿到这些信件，所以我还有很多时间，可以去还不大熟悉的上海旧城墙逛逛。目前，我们在上海的唯一活动区域就是外滩公园的草坪。我们可以在这里，在熙来攘往、肤色各异的人群中，远望那些驶来驶去的船只。

此时，又有一艘船从远处驶来，让我突然想起一种古老的威尼斯大帆船。那是一种平底海盗船，尽管逆流而上，速度却很快。学院墙上就挂着这种船的图片，名字似乎叫"载满诅咒"。实际上，这都是我想象的结果，眼前看到的只是一艘卸掉货物返航归来的中国帆船。

欧洲人一直炫耀的一点是，他们在上海租界 20 年来一直很守规矩，几乎不会进入华界半步，甚至连中国话都不会说。他们深信，中国最脏的地方就是上海旧县城。这暴露了他们的片面，因为最少有五英里（或者不到五英里）的一段城墙，道路平坦得很，适于散步；而且，经过乡村时还会闻到清新的空气。散步的同时，还可以默默地观察一下沿途的中国人，以及中国人的街道与市场。

首先映入眼帘的是个木匠之家，地上堆着很多刨花，火上放着一个正煮着胶的大锅，男主人在忙碌地工作着。一个男孩看起来是家中老大，看到需要加热了，就立刻用个手提风箱向火上吹气。正在一边玩的那个小一点的孩子，则佩服地望向自己的哥哥。我想：将来他们都会成长为手艺高超的木匠！正在看护小宝宝的小女孩，让我们看她怀中的婴儿，并且问道："这样的小孩子，你们都想要吧？"我们回答说："是啊，再举高点吧！"他们听了都高兴极了，女孩子手里举着那个胖婴儿，笑得差点跌倒。这就是他们做饭、工作、生活的房间，有时还会把地面清洗一下（我们为此感到欣慰）。这就是他们梦想的生活，有他们向往的中国式的家庭快乐。

再往前走可以看到一座城门，走进去就踏上了一条很窄的街道。街上人来人往、挤来挤去，我们则站在高高的城墙上，尽情俯身观察街上的人，既不觉得遥远，又能对他们一览无余。我们看到其中有个衙门里的官员似乎要出门，一个男孩子将被招进去做跟班。跟班们的大红制服又脏又破，头上戴着旧时代传下来的圆锥形帽子。远远看去，那帽子如同大学里的学士帽，上面挂着的饰物如同小丑帽子上的铃铛。看上去，他们似乎兴奋得很，长长的雉鸡翎毛是令其兴奋的最主要原因。那翎毛长约两英尺，还没来得及往帽子上插，正被他们拿在手里耀武扬威地挥来挥去。

接着，我又看到了一番在中国难得一见的景象——在城墙上绞绳子。绞绳子的人往丝绳两端挂上重的物品，这样做是为了将绳子拉紧。一个少年手里拿着两个梭子，抓住丝绳较轻的一头，灵巧而熟练地翻动双手，很快地一股由好几条丝线拧成的绳子就弄好了。就这样一直绞了五根绳子。这项工作没有借助一点机械，完全由手工完成。顺着这些长长的彩色丝线走，总能碰到它们。在绳子的另一头，一个男人负责将它们绕起来，团成一团。我们还与他攀谈了一会儿。为了挣钱，守城的士兵将城墙，甚至是哨所，都租给了这些绞绳子的人。

这座城市，从城墙上看下去，给人一种荒诞的感觉。这里每户人家，都在有限的空间里挤着种了一棵树。有的树长得还很美！中国人与英国人相比，有一点完全不同，那就是——对城里的树呵护备至，对农村的树却肆意破坏；而我们英国的城市却找不到一棵树，简直令人沮丧。不过，在中国，栽种那些树的唯一目的就是挂鸟笼子。这一点真的很可笑。有些种不起树的住户，就弄个竹竿，上面捆着一两根树枝，一看就知道也是挂鸟笼子用的。鸟笼子还能在滑轮的作用下，像旗子似的可升可降，方便得很。

大概笼中鸟更喜欢城墙的新鲜空气，所以，我们也见到了被人提着走的鸟笼子。为了吸引人们的注意，里面的鸟儿叫了个酣畅淋漓，那是一些画眉鸟。在中国人看来，会唱歌的鸟能带来更大的快乐。另外，中国人很容易与鸟儿心意相通，它们的快乐与忧伤都牵动着中国人的心。在中国人的心中，鸟儿是宠物，也是朋友。

中国人还喜欢菊花，并给它起了个别名——凌霜而开的花。我们在路上就看到一个中国妇女，她正在城墙上采摘一种小菊花，黄色的。中国妇女把它插在鬓间，作为装饰。她们有时还会将头发盘起来，小小的菊花像是带叶的小草莓，插在头发周围。我们遇到的人大部分看起来还是和气友好的，也有些伸着手请求我们施舍；可有一部分人就不那么友好了，居然叫我们"拉找"——这个称呼是葡萄牙语中"ladraos"的胡乱音译，是强盗的意思——上海人对外国人一向都是这个称呼。

金色的太阳很快就下山了，周围的平原全都洒满了火红的霞光。城墙拐角有座很美的寺庙，由于该回去了，来不及去看。远望去，城里的一片居民区被污水沟包围成了一个孤岛，完全与四周的建筑隔绝开来，要进出那里只能通过一座搭建在污水沟上的小桥。"孤岛"上有藤条编成的门和篱笆，看起来还算整洁，后面还筑着一堵围墙。此时，桥上正站着两个身着深色衣服的人，脑袋后面拖着长长的大辫子……真想了解一下这里到底住着怎样的人。哦，时间快到了，我们还是先放下中国的一切"回到"英格兰吧，看看家乡的亲人在信中都说了些什么。

第五章　上海

　　回想起那个下午，当时我身边没有公务，所以在上海玩得很有兴致。我们几个人坐在人力车上，穿过生意盎然的外滩。形色各异的中国人，身穿天鹅绒的短款上衣与青布裤子，脑后全都拖着长辫子。锡克族印度警察身材高大而匀称，脸色棕红，表情很是严肃。到处是戴着红头巾的苦力，用根竹子做的扁担，挑着大大小小的包裹，嘴里不住地"嘿哟嘿哟"着。人群中的印度人则戴着高高的筒子一样的帽子，造型非常怪异。只有犹太人还是老样子，不管是从葡萄牙、法国，还是从英国来的。几个水兵赶着人力车夫的样子，简直像在吆喝驴子，甚至还会友好地轻轻拍打他们几下。旁边裹着脚的中国妇女在围着看，似乎觉得这情景很有趣。街上走来一队迎亲队伍，里面的人全都身穿艳丽的大红色衣服。

　　在这些"下等人"中，我们倒是能灵巧地穿来穿去。这时，一些男子引起了我们的注意，他们全都挎着塞得满满的篮子，里面的东西似乎要蹿出来了。再一细看,原来是些俄国鸭子。它们的羽毛被阳光一照,光闪闪地,脖子伸得老长,不住地打量着来来去去的人。

直到过了法国总领事馆,我们才再次焕发出精神来。这是一条细长的街道,正对着法国总领事馆的大门,一看就知道,它是受到法国人庇佑的。这条街上开着一家非常大的鸦片烟馆,毁在这里的中国人比其他任何地方的都要多!随着人力车又拐个弯,眼前出现一条又窄又挤的街道。人力车实在过不去,我们只能下车步行。再往前走就是上海县城,外国人几乎很少来这里,所以这儿对他们来说是非常陌生的地方。

要想走进上海县城,得不怕麻烦,因为要折腾很长时间。传教士发明的"黄包车"这个词,曾经叫作人力车,因为在英语中叫 Jenli-che。很快这种叫法又演变到日语中,日本人分不清 R 与 L 这两个音,所以日语里人力车叫作 Jin-ri-che,于是就产生了英文 Jinricksha 这个单词。中国这种又窄又挤的街道,黄包车根本过不去,可独轮车没问题。街上本来就窄,拐弯的地方又有陡坡。我们在街上走着,有那么一辆独轮车竟紧紧跟在后面,像影子似的,好像料定我们会雇车。车夫一直沉默着,看起来和气得很,我们没办法,只好和他一样沉默与好脾气。最终,我们甩掉他,走到了城里面。

这里的城门并不高大雄伟,路边有很多脖子上戴着枷的人,坐在那里,看起来可怜得很。这是我第一次见到如此处罚人的方式。上海旧县城里到处都能看到戴着枷的犯人,我就想:这儿的警察与汉口或北京比,抓贼能力要强不少吧?是不是这里社会风气不大好?或者说,人们受到了更多更大的诱惑呢?不管怎么样,这些犯人还是挺可怜的,重重的枷锁套在脖子上,累了连靠都不能靠,想躺下更是奢望，从早到晚就这么一直戴着，吃饭都没办法自己解决。一旦身体扛不住了，只能伸出手指着自己的嘴巴，请人来喂。

可就算是饥荒难耐的岁月，奔放的那不勒斯人也不会像这些中国犯人——表达方式如此单调。中国人在表达上似乎天生就是愚钝的，他们想表达的意思，你无论如何也很难从他们的举止上猜出来。那不勒斯人则不同，他们拥有神采飞扬的眼睛，仿佛可以看到人心里；他们还拥有丰富的面部表情，让你一下子就能明白他们表达的是什么，甚至语言都显得多余。就算是相隔一英里，你都可以通过他们灵活多样的手势，明了他们想说的话——中国人没有这种能力。不仅如此，中国人连自己的语言也运用不好，表达的意思模棱两可，再仔细听都难以明白是要表达什么。是不是很久以前他们就已经改变了自己的生理结构呢？不然，他们为何没办法很好地表达自己的想法？有人肯定要辩解：这些人天生就会做挑水、劈柴等苦活，面对苦难，他们只能沉默地忍受。

上海旧县城最恶名昭彰的两个特点就是：脏，让人厌恶。可是，在这个风和日丽的下午，我们居然没有发现这儿有多脏，有多令人厌恶。当然，我们也看到有条街上到处是脏土。那里有条很窄的小河，中国人的房子挤挤挨挨地拥在河边上。那是些木质结构的棚屋，每个房顶几乎都有个小阳台——在我看来那就是意大利式的阳台，可对中国人来说，仅仅是用来晒衣服的。他们似乎很不情愿享受阳光带来的乐趣，更别提像意大利人那样让酸涩的眼睛放松放松了。

涨潮了，我们与那些房子之间，被这条肮脏不堪的河流隔开了，气味有些难闻。河里汇聚了各处的污水，说是河，其实更应该称为污水沟。人们就是用这条河里的水洗衣、做饭、饮用的。实际上，它的旁边就是外国租界，那里有充足的、有卫生保障的饮用水，如果中国道台同意，那些自来水公司肯定会争先恐后地把自己的水管接到上海旧县城里去。面对这肮脏的河水，那些在霍乱的折磨下死去的人会沉思。潮水退去的时候，这水会更令人作呕。河对岸的房子都有单独属于自己的桥，没事的时候会被吊起来，除非有客人来。桥被吊着的那面钉了很多钉子，就是一只猫都别想通过。可即使那桥是放下来的，想象力丰富得有些浮躁的欧洲人也很难走到对面去。

茶园是上海最好的去处。英国有种柳叶图案的碟子，上面画有小桥流水、假山小亭。这里的茶园远望去就是这种碟子的效果。其中，小桥到处都是，曲折蜿蜒，很是别致。看到的人都会产生这样的想法：小桥刚刚建成的时候，下面肯定不是现在的污水和垃圾，而应该是清清的流水、碧绿的植物，点缀在假山与小桥间。人们不禁会问，为什么这里变成如此混乱的景象？答案里往往会有模模糊糊的两个字——"造反"（太平天国起义）。实际上，造反已经是很久以前的事了，半个世纪以来，完全有时间整修这个茶园。我心里想，上海的茶园或许该修修了吧？

在英国，只有那些酗酒女人的家才会像上海茶园这么萧条混乱。造反并不是导致此种结果的主要原因，源源不断的鸦片才是罪魁祸首。

很多年来，中国人在大量地吸食鸦片。懂得适可而止适量吸食的，只是第一代吸食鸦片的人，那时候鸦片膏并没有侵蚀他们的身体，他们的后代则"青出于蓝而胜于蓝"了。近些年来，英国出现了饮酒热，最近又开始流行喝烈性酒，可这如同吸烟一样，只是作为一种额外的消遣而已。从科学角度来说，国民性同食物和饮食习惯之间的关系有多密切，现在还说不清。假如是鸦片令中国人变得如此麻木不仁的话，那么我们必须关注英国方面的动向了，因为在中国这种状况下我们也有些木然了。

我们坐到亭子里，品着最好的茶，剥着葵花籽和花生。那卖葵花籽和花生的小贩，肯定是鸦片的受害者，这点一眼就可看出来。葵花籽像小虾似的，吃到嘴里香得很，可我不禁思考:这么小的美味，需要花费那么多功夫来做，值得吗? 这时，走过来一个卖鸟的，这也是个吸鸦片的人。他的鸟脚脖子上正拴着丝线，熟练地站在一根弯弯曲曲的木棍上，像我们看到的许多被中国人捕到的鸟一样，站多久对它来说都不为难。他说自己的鸟会抓瓜子，说着就把瓜子扔到空中，那鸟一下子就抓住了。

亭子外面那座歪歪扭扭的桥上，有个鸟市。一只鸟被主人扔到空中，过会儿又自己飞回来了。有时大概是累了，鸟会飞到茶园亭子的顶上歇着，可不管怎样，最后还是会飞去找主人。很多人围在那里观看。鸟市上还有个卖野雉的，那野雉羽毛非常漂亮，却挤在非常小的笼子里。总体来说，这里的鸟尽管漂亮，可与天津、北京的比还是逊色多了。

我们曾经在北京逛过一个非常大的市场，在那儿见到了我印象中最漂亮的鹰。它们是有头羽的，共12只，3两银子一只。同游的人奉劝说，假如我们能驯服它们并会放飞的话，可以买，否则就不要买，因它们是没良心的动物，不会记得主人的好，关在笼子里总有一天会跑掉的。我们还看到些标价40至50两银子的鹰，都是被驯服的，旁边放着只新抓来的小鹰。另外鸟市上还卖一种小鸟，脖子上有一圈金黄色的羽毛。据说，只要是受过训练的鸟，一般要价都在 500 大洋左右。北京人驯养的一种鸟会抓球，说是只要抛出一把球，立刻能抓回三个来。

在那儿，我还见到了一只蒙古乌鸦，是个浑身黑色的大肥鸟，羽毛黑亮黑亮的，漂亮极了。蒙古人去世后，尸体会被绑在野马身上，任它狂奔，乌鸦便会蜂拥而至，把他当作餐点，所以这种乌鸦被蒙古人称作坟墓。当然，这只是我的道听途说，真假不敢断言。法国公使馆的人经过西伯利亚回家时，记下了一件让我费解的事：在西伯利亚，都是妇女戴着马鞍拉车，而不是马。这种说法以前没有听人说过，尽管觉得有些怪异，但或许是真的吧？

还是说说上海吧。我们一行人停在了一个卖假牙的摊子前，旁边的广告上写着：立刻治愈各种牙痛。再过去有个江湖郎中，在摊子上摆了很多令人惊讶的东西，有虎心、虎牙，还有个畸形怪胎，肉乎乎的，有头、身子和连在一起的四肢 —— 就那么摆在那里，大概是想让客人一眼就看出他们的孩子有什么问题。由于天不早了，他开始收摊，我们也遗憾地没有听到他介绍自己的生意。另外，尘土飞扬的地上，靠边摆着些漂亮的小瓷杯。摆在一起的还有做成山楂枝形状的中国笔架，镶嵌着四朵白色的花，其间落着只白、绿两色的小鸟。鸟背上就是笔架，用来晾干毛笔用的。

之前我们还去过一家绸缎店，买了几匹颜色惹人喜爱的绸缎。中国人的口袋用途很广，好像既能做旅行用的文件夹子，又可以充当鲨鱼眼镜盒。店里的小客厅挂着些不合时宜的鳄鱼皮小乐器，倒也起到了装饰作用。乐器上有两根弦，琴弦间固定着弓。中国裁缝的剪刀很有特点，一边的把手是条长长的曲线，这一点很是诱人。我们买下的同时还在想，假如英国也能普及这种剪刀，那么英国裁剪工的手指要少受多少磨难啊！同样令人难以抗拒的是街上的赌博，我们忍不住赌了几把，赢来的糖都给了围着看的小姑娘。她们的头发都梳得溜光水滑，上面插着带黄色菊花的梳子，秀气得很。我们赌博时，她们就围在旁边，满眼期待地看着。

很多商店打出广告说有"刮舌板"出售，结果却没有买到，我们只好改天再来验证中国铁器的精良。后来我们终于见到了它，发现跟美国的一项新专利很像，又像是我们船上平衡用的尾舵。假如没听说过英国木偶剧里的滑稽角色朱迪，人们就永远发现不了生活中还可以有便利的方法。

中国人很久以前就会做旗袍，这一点英国人并不知道。英国人的衣服穿或者脱都得又拉又拽、挺胸缩肩，很是费事；中国人的衣服一个袖子塞两个胳膊都行，做这种宽大的衣服他们很在行。中国城镇里的妇女，习惯于和同伴穿得整整齐齐的，拿着小凳子坐在门口缝补些什么。

美国人常常把英国人在国际帆船赛事中获奖看作是自己国家的功绩，因为英国的船上装着美国人发明的垂直升降板。可现在，我不得不告诉美国人，中国人在很久以前就开始用有垂直升降板的船了，那时候你们美国人连做梦都没想到过它呢！

再次回到电灯、马车、门房与苏格兰女佣当中时，我们的一身疲惫才得到真正的放松。

第六章　乡村中国

　　坐船游览名胜古迹，是生活在上海的乐趣之一。听到"去山里"三个字，每个人都会兴奋异常。从城市里往农村走，唯一的通路就是水路，公路是没有的。幸好，这里到处都是河流，穿行在这些四通八达的河流中的是一种可以住人的小船。要到吴淞口或黄浦江去，还可以乘坐帆船。那是冬季的一天，我们乘帆船时沿途所见，很值得人深思。那一片平坦的冲积平原，全部被开垦出来做坟地了，坟堆到处都是，放眼望去，稍微有些起伏的地方全是坟墓。而且，这里唯一可以遮风挡雨的地方也就是这些坟墓了，跟中国北方一样，墓地里都种有树木。人们就那样日出而作日落而息地过着日子，枯燥无趣，唯一能让生活发生变化的就是死亡 —— 对他们来说并不凄惨，也并没有什么特别意义的死亡。

　　我们正在海上逆风而行。据说，面对这么大的风浪，英国的帆船是受不了的，只有中国人用自己天才的智慧设计的帆和缆绳才能胜任。坐船经过闵行的时候，内河船运税务局和救生站两座高大的建筑映入眼帘，它们都像外滩那里的建筑似的，矗立江边，坐北朝南，亭子修在大门上。在这西北风猛烈的季节，别的船只都不敢冒险出来，所以我们到达大通塔的时候，江面上就已经看不到几只船了，冷清得很。

上岸后看到的是一片荒凉，树与篱笆之类全都没有，只有苍茫的田野。稻田里已经没有稻子了，连里面的淤泥都已经干涸，走在上面舒服得很，没有一点怪异的味道（与平日完全不同）。我们总是经过小溪上的独木桥，有的桥只是两块狭窄的木板，中间还隔着缝隙，脚踏在上面时，一颤一颤地。沿途能看到一些起脊飞檐的宅院，映着旁边的树木，在夕阳中看起来漂亮极了。不过，附近总有些散发着怪味的大草堆，令人接近不得。我们最后到达的一个村庄，几乎让人觉得它是专门为农田提供肥料的，味道难闻极了。前面说的大通塔就在这个村子后面，塔门都上了锁，破破烂烂的。后来，有人帮忙爬梯子进入塔里，将门打开。我很想上去看看周围的平原和小山，又担心出现什么意外，心里觉得有些烦闷。

最先引起我好奇心的，是这座塔的建筑年代。我想，假如这座塔真的很有历史价值，就该有人来修复，否则就让人觉得很奇怪。不过，现在我知道答案了。在中国人眼中，不管修复什么建筑，都是毫无价值的。假如一个对公益事业很热心的人修建了一座桥，名字就可以刻在桥头的石碑上，保存下来。不过，单是每年为这座桥换换砖头是不够的，很难让名字流芳百世。

终于，我爬上了大通塔的第三层。它一共七层，到这层我就已经兴奋极了，但继续往上爬有些难度——我穿的是高跟鞋和裙子，还要爬梯子。于是，我放弃了。不过令人感到庆幸的是，这层也可以看到外面的平原与丘陵。从这里往远处看去，丘陵所占的面积还是远远大于那些坟堆的，这一点倒成了我安慰自己的理由。从塔上下来时，一些中国人正围在旁边看，真不知道在这些穷苦而无知的人眼里，我们是些什么人。我只能确定一点，那就是他们都很明智地认为，决不能爬上那个大通塔 —— 当然，那个小男孩除外。

我们连夜趁着月色往下游的闵行而去，第二天一早就到了。眼前再次出现了起伏的坟堆，和那些灵魂安息的平坦的冲积平原。江河滋养着周围的乡村，不仅为它们提供丰富的水源，而且帮助村民孕育庄稼。闵行镇的农民们只种棉花，不种植水稻。他们与中国别的地方的人比起来，要精神得多。镇里的街道上满是中国最帅气、最有朝气的人，是那么自信而健康。有时候，人们会到镇子附近的庙里去拜祭祈祷。可我走进庙里才知道，这里其实有座坟茔。高高的祭台之上，摆放着一尊美好的观音像，与俄罗斯圣母有相似之处。小庙的屋顶非常精美，粗大的屋梁上缠绕着雕刻精美的盘龙。

刚进庙门的地方，中国人称之为"亭儿"。"亭儿"那里，放着一尊弥勒佛，是鎏金的，一看就会让人觉得他拥有世界上所有美好的东西，正笑得合不拢嘴，非常滑稽。弥勒佛两侧站立着威武的四大金刚，由于岁月的侵蚀，腿脚都破损了。本该是雕像脚部的位置上，正坐着一个乞丐。为了乞讨，他不断地向人们展示着自己肿胀流脓的腿。实际上，乞丐与施舍者互相交换东西，令人觉得心里很不舒服，因为施舍者得往外掏钱，而乞丐则拿自己肿胀的腿给你看。

我们再次开始了后面的行程。中国的路都不宽，能让两个人并排走就很难得了。为了穿过那些大小不同的溪流，我们费尽周折。

其间还经过了一个废弃的军营，那里有两座高大的烟囱醒目得很，可燃料是什么呢？真是令人疑惑。走近之后我们才发现，原来他们用的是稻壳。一个男人正坐在地上拉风箱，边拉边往火里面扔稻壳。风箱不断鼓出气流，吹旺火苗，稻壳扔在上面越烧越旺。旁边还有一个男人在给榨碎的棉籽称重，称完装在篮子里，之后倒进一个容器加热直到沸腾，再倒进一个竹框里。必须在温度降低之前，用脚将竹框里的棉籽踩实，堆起来，最后压上篮子。压好的棉籽饼，像奶酪似的箍在竹篾框里，这样就可以去榨油了。

我们一直站在那里看他们怎么榨棉籽饼。他们把棉籽饼不断地放到一个长槽中，直到放满压紧，再往里塞楔子，并用石锤使劲敲打楔子，于是槽里开始流出汩汩的棉籽油。等到把楔子全部钉进去，棉籽饼就已经小了一半。这两个工人很有意思，其中一个把烟斗向我和丈夫递过来，意思是让我们抽，而实际上是他自己烟瘾犯了，又想在客人面前显得很大方。

当时我穿了件苏格兰粗呢外套，他们对它的材质很感兴趣，轮流看过后断定是皮的。他们身旁摆放着些榨棉籽的石磨，拴着几头戴着竹子眼罩的水牛。这些水牛正拉着沉重的石磨，不停地转着圈。那些花岗岩的石磨很令人惊讶，上面居然刻着很多图案，有的不仅有图案，还雕刻着精致的汉字，意思是说这磨盘是神仙的车轮，驾驭这飞龙之车的就是神仙。真是让人感到意外，连这样简单的家庭作坊都藏着美学研究的对象啊！

这个作坊只是用来榨棉籽油的，不大值钱，构造也很简单，完全可以做机械学的入门教材的插图。拉斯金在他的《乡村工业社会》中描绘过这种理想图景，这个在清新空气中矗立的家庭作坊，真正实现了作者的构想。在这一点上，这里与英国非常相像。这种家庭作坊在中国是非常多的，可是，中国人一点也不快乐。

回去的时候，我们从一条人头攒动的街上走过，这里很是热闹。有户人家大门敞开着，一群年轻的和尚正在里面念经。有敲锣打鼓奏乐的，有忙着坐在那里给信封盖章的，一看就是官方信件——大信封上写满汉字。那个写信的人挺有礼貌的，看到我们过去，便停下手中的事，还允许我们看看那些信。信纸叠得细心而精致，共有好几页，信中的语言优美而严谨。

写信人说，这户人家有人生命垂危，信是寄给天上神仙的，里面详细地说明了病人所经历的痛苦。所谓寄到神仙那里，就是将这些信烧掉。如同我们国家的降半旗吧，这家人里里外外都挂满蓝色的灯笼。

再往前走，我们又碰到一户人家在举行婚礼。几重的门层层敞开，院里的人都穿着华美的衣服，我以为他们是这家的仆人，后来才知道是主人。院子刚进门的地方，一个乐队正在演奏。让我们感到惊讶的是，他们用的居然是鳄鱼皮蒙的乐器，能在上海城里见到这个真是难得。我请求他们允许我们看看花轿，他们态度挺友好的，立刻就答应了。那轿子上满是精美的刺绣，华丽极了，可轿子里面却非常乱。尤其是新娘子坐的又脏又破的红垫子，让人看了心里很不舒服。

我们往院里走的时候，很多大街上的小男孩也跟着进来了，这让我们很是不高兴——似乎我们这突兀的造访给主人招来了麻烦——便转身出去了。不料，迎面碰到来参加婚礼的女宾客，正走下轿子。她们怀里抱着打扮得精致漂亮的婴儿，硬是热情地拉着我的手让我进去。我心里想，自己穿着如此随意，连句祝贺的中国话也不会说，在那些宾客面前——就像中国人总挂在嘴边的——多没面子啊！

与昨天的逆流行船一样，今天我们顺流而下也遇到了强劲的风。幸好我们的帆船很好，航行很顺利。回到上海，恰好赶上上海戏院的演出。我们走进去时，戏院里已经坐满了人。喜剧是中国人平淡生活中亮丽的一笔，对于中国人来说，他们太需要这种人工营造的热烈氛围了。

第七章　春日宁波

两年前的 6 月，可爱的杜鹃花开满英吉利湖区时，我曾经去过那里。当时我还在途中拜读了高尔顿·库明小姐的书，她笔下描写的宁波附近的杜鹃花，令我很是着迷。当时我就想，如果有一天能专门去中国看杜鹃花该多好。谁知，这一天真的来了。

那是一个晚上，我们从上海出发，坐在豪华舒适的嘉定号上，向宁波驶去。吃早饭的时候，我们就到宁波了。第二天，我们又坐着朋友的船到溪口去。这也是趟令人心情愉快的旅行，因为他的船里面温暖舒适，设备非常齐全，让人有种回家的感觉。到溪口之后，我们要坐着抬椅去雪窦山的雪窦寺。

宁波的船由两名船夫负责站在船尾摇橹，能像鳗鱼似的轻快前行，尽管没什么好看的风景，可感觉非常好。实际上，没上船的时候，我们已经领略到宁波的风采了。宁波很多商铺里在卖一种有名的木雕，而宁波同乡会馆里石柱上的雕龙也非常精美，再加上会馆的高大雄伟，依然能想见当年有多么奢侈、豪华。外国人居住的地方，修建着平坦笔直的跑道，不过似乎并没有什么比赛举行过。这里的教堂是为纪念罗素大主教而建的，窗户雕刻得精美异常。最后，我们来到新建的河堤，收获了更多的景致。

宁波的铺子里，到处都可以看到雅致的席子和可爱的竹编。宁波的水手服下摆居然有褶皱，这更令人觉得有意思。几个世纪以来，英国赶车的年轻人穿的就是这样的服装，看来这种带褶皱的衣服受到了我们共同的喜爱。估计除了褶皱的装饰性之外，中国的水手与英国人都发现了它的实用性。

刚到溪口，就围上来二三十个男人。他们非常有耐心，为了抓住为我们运送行李的机会，大概已经等了一两个小时。一直到上午九点，才好不容易将他们打发走。下午五点，我们终于来到雪窦寺。天气非常闷热，路上也没有几个人，感觉一直非常压抑。猛地看到松树丛下粉色的杜鹃花时，我们的惊喜便油然而生。从远处看去，附近一两个山坡上全都铺满了红彤彤的杜鹃花。经过一个山坡时，我们不由得跳下去，采摘各种颜色的杜鹃花。它们就像在英国花园里一样娇艳动人，竞相开放，有玫瑰红的，粉红的，还有紫色的。

田野里满是成熟的油菜，微风吹过，随风翻滚，如同波浪，空中弥漫着浓郁的花香。而杜鹃花唯有在此处才显得分外美丽诱人，因为有这满地的油菜做背景。到了吃午餐的时候，我们来到了一条水流很急的小河边。小河两岸开满了紫罗兰一样的花朵，不过，从叶子上能看出与紫罗兰还是有区别的。我们就在这河边吃起午餐来。

河上漂着很多竹排，竹排的两端像军舰似的向上翘着。这些竹排都由五根或者七根毛竹捆扎在一起，捆得并不紧密，缝隙间可以涌出水来。偶尔会有妇女坐着竹排从我们眼前快速划过,竹排上堆着赶集的各种东西。她们的发型都奇特得很,大大的假发髻向后远远地伸出去,并没有紧贴着脑袋。她们的脸画得如梦幻一般,这是我们在中国极少见到的。不久以后,我们也要坐在竹排上顺着河水前行了,我不禁开始想象,那会是种怎样的感觉呢?

午饭之后的景色越发诱人,简直可以和意大利北部的风光媲美。猛地看到路边的一丛灌木,我一下子就被吸引住了。这是种普通的灌木,不大引人注意。但我多少有些了解,它们与一种山茶花很像,又类似于冬青树,却没有刺,很少见。直到第二天,我的猜测才得到证实,真是山茶花。沿途我们经过很多茶馆,里面卖茶与茶油。不过,一看就知道很少有人真正走进去。

一路上,我们都有小鸟的叫声陪伴,春天的气息迎面扑来。布谷鸟尽情地唱着欢乐的歌,野鸡也在不住地啼鸣,我们在其中穿行着,享受着。迎面走来两个农妇,一边走一边高兴地交谈。她们身穿一种类似于中国古典旗袍的衣服,看起来很优雅端庄,只是上衣被截掉了一段,露出里面穿的长裤,实际上这样是为了做事更方便。她们和遇到的每个人都打招呼,包括我们。她们的手上抱了很多杜鹃花,一路走过时,地上落了很多红色、白色的花瓣,漂亮极了。

我们爬到一座高高的山顶上,看到了有名的雪窦寺。据说它建于宋朝朱熹在世的时候,是利用山顶的平地建成的。最后一座山峰过于陡峭,抬滑竿的一个年轻人实在走不动了,所以我只好自己往上走。天气潮湿而闷热,我们爬起山来非常费劲。本就心情不好的我,看着远处山顶上的旅馆愈加郁闷了。不过,这种不快很快就被我忘得一干二净。一座高大的瀑布出现在我们面前,下面是被它冲刷而成的巨大的深潭。峭壁上盛开着紫色的杜鹃花，猛地看起来，如同一位在风中站立、穿着紫色衣服的少女，正顽皮地窥视我们。还有一种长春花一样的常绿灌木，正开着白色的花朵，香气迎面扑来。当然，最吸引我的还不是这些，而是庙里举行的祭祀活动。

之前，我在中国从没有看到过宗教活动，连一点点迹象都没见过，于是在庙里逗留了很长时间。祭坛前面跪着六个直挺挺的和尚，肩上披着金属扣系着的黄色袈裟，身上套着脏兮兮的肥大袍子。他们连续做了三次起立、下跪的动作。其中一个和尚看起来特别虔诚，每次下跪都会把手放在地下的蒲团上，头深深地低下去，几乎能碰到自己的手。看样子，他应该是这些和尚的头儿，或者主持祭祀的人。

下跪完毕，他们便排起队，垂下眼睑，边敲锣鼓边摇铃铛，绕着庙堂一圈圈地走，嘴里不断地念着经文。他们每个人看起来都非常投入，偶尔还能听到他们口中诵念的"佛祖在上，佛祖在上"，语气非常虔诚。其实，欧洲天主教堂的赞美诗与他们的一样虔诚，但那里可没有人围观。不过，可以这样说，中国的这些祭祀者们的一举一动是更加虔诚的。在我看来，他们同欧洲教堂里的那些牧师比起来，唯一不一样的地方就是拥有听众。他们在千百年间，一直就用这种方式祈求上苍。

听说这座庙宇的香火也曾很旺，一度聚集了上千名和尚。他们的这种祈祷活动，受到人们的欢迎了吗？其实，只要虔诚，祈祷的形式并不重要。

或许，和尚们很无知，他们所为之投入的并非宗教而只是迷信，可欧洲也不例外啊。深究起来，这里的祝祷方式与罗马天主教廷的没什么区别，都是毫无意义的，只是欧洲人把中国和尚们的这种方式进行了一些延伸或改变。

一扇窗子里，有位老人正在不停地数着念珠，眼睛却紧盯着我们一行人。来到庙里的妇女们，全都穿着华丽的衣服，手里握着念珠。我们意识到，自己进入了一处宗教圣地。

塔郎山是传教士们在中国的又一大发现，就如同他们发现了人力车一样。塔郎山能让人想起英格兰约克郡荒原上的春天，因为它是峡谷中的一片高地，环境与天气情况都让人觉得舒适愉快。每到清晨，薄薄的一层水雾便将这里的一切都笼罩起来。黄昏时分，夜幕慢慢降临，与它一同落下的还有无边的薄雾。起初是远处的山尖儿，接着，山下的村庄与原野，全都覆盖上了缥缈的云雾。雾气中开始还能看到点点夕阳的光，到后来，仿佛世间的一切都被笼罩住了。

你完全可以几个小时都站在塔郎山上，观赏周围各座山峰的风采，因为这里相对来说比较高。那些山上满是苍翠挺拔的松树，还有些茶树，白色与紫色的杜鹃花才刚刚鼓出花骨朵，非常可爱。山间有些平地，都被农民们种上了水稻。只是，由于冬季还没有真正结束，毛竹那翠绿的叶子还没有长出来，否则就能领略它们最美的夏日风采了。不过不用担心，再过三个星期，赏心悦目的风景一定会降临这里的。山上洋房的主人们真是令人嫉妒，夏日能在这里度过，简直赛过神仙了！

听人说，仅仅六个星期前，山上还有足足六英尺厚的积雪呢，所以茶树上还留着霜打的痕迹。茶树主人告诉我们，眼前的茶树都有七八十岁，最年轻的茶树也有三十多年历史了。我心想：那些意大利的种茶人，会怎么看这些茶树呢？我们看到的大部分茶树都长在大麦田里，偶尔也能看到被一排排油菜隔开的、排列整齐、像篱笆似的茶树。茶树主人说，今年茶叶的收成肯定好，因为冬天下了很大的雪。我可以确信的是，阿萨姆的茶树肯定不会受到上天眷顾——降雪保佑的。这两种茶树，大概本质就有很大的区别。

来到山下，我们没有看到一个和尚，所以念珠就更没有了。还没等我们开口询问，村里族长的儿子就主动告诉我们，这儿的村民不需要宗教就已经很本分和善了。在他眼中，一个传教士来这里传教是非常愚蠢、错误的。有人说这里只出现过一位传教士，也有人说，根本就没有传教士来过这里。不过，我们不该忽略的是，六年前就有传教士将房子盖在这里，并经常把这里当作度假和玩牌的好去处。

从雪谷到塔郎山之间有一条山谷，是到达那里的必经之路。这是一条非常迷人的山谷——一条清澈见底的小河流淌在两峰之间，岸边长满密密实实的矮竹林，还有苍翠的树木。这里简直像是圣约翰斯哥特城堡，如此令人流连忘返！在山谷间，我们遇到很多年轻人。他们全都穿着一种奇怪的马靴——实际上叫长袜更贴切——它是用人的头发编织而成的，长度能达到膝盖之上，因为从膝盖那里往下折了一截。当然，如何称呼这种靴子并不重要，重要的是由谁穿——那是些拥有熊一样强健体魄的年轻人！我们无法知道，靴子到底是用他们自己的头发，还是用他们情人的头发编织成的。

浙江一带的男人，只要外出，就会把烟斗或刀放在一个灵巧的竹篓里，用草绳系着挂到背后。去野餐的时候，用这样一个竹篓装那些五颜六色的野花，应该非常适合！一个茶商队的头目就送了我一个这样的竹篓，我很高兴。不仅如此，我们还荣幸地被邀请去他家参观。他家客厅有面墙，上面都是奉化工匠雕刻的图案。奉化木雕在宁波是非常有名的，只要是奉化工匠的手艺，肯定都是一流的佳作。据这个首领说，共有五个奉化工匠在他这里做事。就连他们家的大梁上，都雕满了趣味横生又精美异常的图案。我再次遗憾地想，上海的那些欧洲人建造的依然是欧式房子，没有一座像眼前这座，可以称得上中国艺术的结晶。这条雕梁画栋的走廊带给人们的愉悦感，是欧式建筑难以比拟的，即使在里面摆满古董也无济于事。

那些用来装饰的图案都不复杂，与被装饰物很是搭配。这里的人却对此视而不见，或许是灰尘太多，将中国人的眼睛都蒙蔽了吧！他们倒是对这户人家屋顶的燕子窝很感兴趣。在我们热热闹闹参观的时候，那些小燕子居然一点也不害怕，依然高高兴兴地往返着。中国人一点也不反感小燕子将巢安在自己家里，大概在他们看来，与其将它们关在笼子里，不如让这些会飞的小家伙拥有自己温暖的家。

对外国人来说，想在通商口岸获得居住权是非常难的。可在这里，居然很容易就解决了。外国人只要给土地的拥有者出钱造房子就可以，不过得向地主缴纳房租，直到将地价付清。在付款期间，房子的维修费用一律归地主管。这里有四座外国人的房子，相互之间离得比较远，环境很美，令人心情愉快。其中三所，属于宁波的传教士。另外一所，属于海关总监。当然，对游客来说，那些悬崖峭壁、美丽的瀑布、姹紫嫣红的花朵与欢唱的小鸟们，是更有吸引力的。有益健康的新鲜空气，倒在其次了。

晚上，我们就住在雪窦寺里。在这里住宿，有幸感受到了和尚们提供的特色服务——一本"书"。它完全不同于我们以往所看到的旅游指南，旅客们几乎都在尝试，想在上面给后来者留下些人生感悟，还有人简单地介绍了当地的历史。维尔特·梅特赫斯特爵士，曾经在书中详细介绍了这里的游览路线与游览顺序。当然，这里的一切都那么迷人，那些书反倒没那么重要了。书里还记载了很多鸟的名字，可花的名字没有记述。欧内斯特·梅捷先生在书里讲述了一个杀人狂魔的故事。他写道，一个杀人狂魔追杀一个和尚，结果和尚只动了动手指，对方的剑就动不了了。由此，狂魔开始反思自己的行为，最后决定入寺修行。福莱尔医生写下了他对这里的观察与感悟，他最关注的是庙宇门口的两棵树，不知是什么特殊品种。最有趣的一段文字如下：

下面是对上述建议的总结：

这座山的路途非常危险，假如一定要攀登的话，建议您穿橡胶鞋（与保持安静无关），因为这里总会有些水汽存在，雪窦寺里也总会有些石头绊倒你。可不是为了吓唬你啊！这里到处是石阶、山谷、悬崖峭壁，但他们只修了一条石阶。到底是何居心呢？

各种交通工具我几乎都坐过，可做梦也想不到的是，从雪谷出来，我居然整整一天都蜷缩在一个衣筐里，挂在竹杠子上，晃来晃去。这大概就是当地的轿子吧！这一路我们大概走了十个小时，比预想的长得多，只有中途吃午餐时休息了半小时。可是，那些抬着我们走的人，看起来居然一点儿也不累。

双脚终于踏在塔郎山上，心里别提有多高兴了。从杉树与杜鹃花中慢慢走过时，你会发现一切都在自己脚下，因为你已经站在山谷间的高地上了，盎然的生意包围着你。之前我还在遗憾，由于时间紧错过了泽林路上的美景，现在终于得到补偿——领略到了从雪谷往塔郎山方向的迷人风景。尤其是那些岩石与并不高耸的山崖，令这里的景观独有趣味。只有艺术家的双手，才有可能再现这些美景。往泽林去的坡路上，长满了繁茂的植物，假如它们并非野生，而是由高水准的园艺师保养的，那么这条坡路同繁华城市的园林景观比起来，也算出类拔萃的吧？

整个山崖的顶部长满了松树，峭壁上盛开着似锦的繁花，下面则是金黄色的矮矮的竹林和一种中国榕树。竹林里新滋嫩叶的蕨类植物，正生机盎然。美丽的田地中，有潺潺的流水穿过。这样的景致无限美好，与岭南比起来也一点儿不差。

塔郎山附近的当地人，对人很是热情，给人一种亲切友好的感觉。走路走得又累又热时，会有好客的人请你去凉爽的农家堂屋歇一歇，喝上一杯香喷喷的热茶。我们没有带面包，身上只带了鸡蛋和盐。他们不仅为我们提供烟和酒，还端来一盆新打的热水，并放进一块布，让我们洗洗脸和脖子。估计，我们很难再感受到如此热情、有人情味的民风了。只是，我们发愁那块布怎么用，因为它即使放在水中，也能看出是被中国人用过了很多次的。

妇女们头上精巧别致的发簪，远远地向外伸出去，我真担心她们的发簪勾出小伙子的眼球。她们那变形的脚，走起路来，一扭一扭的。

没想到，这么热的天气里，我们居然在塔郎山上遇到了两场小规模的雷阵雨。下山的时候，变得非常凉快，山涧里弥漫着刚刚腾起的白雾。从五陵谷到大桥，一路上美景尽收眼底，我不禁在心里暗暗赞叹：这山谷是我见过的最美的一个！同时，脑海中竟然浮现出远在麦德罗的维尔佩拉索山谷：低垂着头的懒洋洋的孤挺花，长势茂盛的栗子树,此时也是生机勃勃吧?不过,五陵谷与它比起来更长一些,景色的变化也更多一些。从日本回来的人说,这儿很像日本,只是比日本的小巧,却又不乏雄浑。同时为这山谷增色的还有一种树,有点像月桂,上面开着白色的花朵。

这幽静的山谷里,飘荡着浪漫的气息,真想把上海搬到这里,沾染些清爽再搬回去。沿着河走到大桥,我们就可以坐船而行了。终于,我们坐上了一种极为轻捷的小船,观赏着一路上迷人的风景。河边看起来很干净、规整,路上都修着石阶。很多农夫在路上走着,到处都可以看到凉亭和威严的祠堂。

我曾经看过些记载,写的是温州周边的快船。这些船让人觉得心情很好,设计得巧妙,而且小伙子们的驾船技术也很高。我觉得快船肯定很刺激,宁波的快船肯定也能有这种效果。

有朋友的船在宁公桥接我们,于是,我们又顺着运河回宁波了。运河两岸的风景同半小时前相比,明丽了不少。杜鹃花色彩鲜艳,可与往日相比竟显得文静许多,像位亮丽的淑女。继续向前行船,两岸的景物再次变得无趣起来。河边一两棵树上,栖息着好几百只像是乌鸦一样的鸟,高挺着胸脯,伸着细长的嘴。翠鸟在我们船头飞着,耳边不时传来布谷鸟的叫声。有一只鸟正发出忧伤的啼鸣:"偶啊——偶啊——"据说,中国人觉得这种鸟会带来晦气。

第二天清晨,终于到达宁波了。吃完早饭,我们就开始闲逛。整整一天,我们不仅买了刺绣,还买了些点心,吃完晚饭才再次回到船上。早上从梦中醒来时,我们正向有名的天童寺驶去,离那些美丽的村庄越来越远,直到再也看不见。

浙江的特色大概应该是凉亭和祠堂,可在我看来,浙江人的怕生与害羞应该算是它另一大特色。我实际上很是内疚，因为这里人的怕生与害羞简直到了可笑的地步，以至我好几次都笑出声音来了。

只需要一块大洋，你就可以坐着轿子去五六英里以外的寺庙游览，之后，还能被轿子送回来。尽管路不大好走，却可以坐着轿子欣赏沿途的美景。寺庙里的大殿非常宽敞，那些和尚要的小费也很少。竹林里任你悠闲漫步，庙宇里任你品味佛理。每到 5 月，山上就会开满杜鹃花，黄色、粉红、紫色，到处都是。可我们到这儿的时候恰好是 4 月，蝴蝶花还没有到季节，只看到了黄色的杜鹃。

走在山路上，路边偶尔会看到一个凉亭，剩下就全是高大的松树。走到山路尽头，眼前便出现两个平静如湖面的水潭，水中绿影婆娑，如同仙女。路上遇到很多人，大部分是正往家赶的女人。这些女子全都衣着华丽，旁边都有男性亲属照应着，似乎是丈夫带着自己的妻妾出来游玩。不过，也许那些女子中也有他们的姐妹、表姐妹、姑姑、姨妈之类吧。

由于季节没到，路边的凉亭里还没摆出大茶罐子来。到了夏季，附近村里的有钱人家都会出来做善事，为过路人提供满满一大罐子的茶水。有的亭子中还会放上一大块石头，让那些精疲力竭的过路人搁置行李或货物用。中国的挑夫都非常憨厚老实，以至沉重的货物把他们的肩膀都磨破了。只要卸下担子，再挑就非常困难，又没人来帮忙。所以，有了这些石头，他们就能歇一歇了。

真希望英国的慈善机构能把眼光放在现实问题上。六月的时候，火车站能不能免费供应牛奶和茶水呢？只有水也可以啊。能不能在约克郡的荒原上，修建些可以生火的小屋子呢？传教士总有特权花费很多钱到处旅行，有没有人专门检验一下他们的能力呢？他们有本事让一个和尚加入教会吗？在天童寺里，共有200多个和尚。他们都不信教，但是非常友好、善良。这些和尚全都穿着灰色的棉布袍子，肩上斜披着长方形的红绸布拼接而成的袈裟。这样的一件袈裟对他们来说，花费太大。因为他们很穷，所以都是亲手缝制。每块绸布之间都要镶嵌上白边，缝制要非常仔细，做工才能精致。

天童寺里供奉的是玉皇大帝，一个大肚子的神像也在里面笑眯眯地坐着。还有一座庙，里面供奉着三座释迦牟尼像。庙里的大师说，释迦牟尼像身后的佛像是释迦牟尼的母亲。庙里香火很旺，信徒们来来往往，磕头跪拜。和尚们也很忙，正在为一个近来刚刚升迁的官员诵经做法事。

坐船从大桥去宁公桥要花费600文钱，轿夫每人500文钱，负责抬行李的工人每人300文钱，稍微少一些（一块大洋相当于1000文钱或者是2先令）。总之，这一趟的花费并不多，就算把从上海到宁波的船票也算上（15块大洋），都不算多，而且10天就到了。有人觉得日本好，想去那里，我倒觉得在宁波欣赏一下迷人的山谷和鲜花遍地的山坡，是不错的选择。假如你很痴迷于中国的传统习俗，那么天童寺一定不会让你失望的。

第八章　九月的芜湖

在靖江与九江之间，就是美丽的芜湖，长江上的众多港口之一。整个芜湖城都坐落在群山之上，林立而不显拥挤的民房之间点缀着很多高塔。一条宽阔的长江支流穿城而过，河面上千帆竞渡，让人产生一种壮观而怀古的感受。领事馆设在山顶，这里的欧洲人居住的范围不大，好在这里视野很好，可以欣赏到周围怡人的景色。海关总监的房子位置最好，在一座更高、景致更美的山上。传教士们则住在几英里之外的一座山上，那里树木茂盛，可以俯视长江的美景。不过，他们的房子周围全都是荒无人烟的田野。谁能说芜湖传教士的生活不安逸呢？他们这些房子，是多少商船船长和工程师们眼馋的对象啊！

传教士的别墅下方，有一所学校，那里有传教士最得意的工作——对年轻人进行教化。山顶上还有一座规模很大的建筑，那是一所医院——专门为附近两省教徒准备的医疗机构。一所混在中国人的平房之间的医院，简直是用来围攻周围中式民居的要塞。

荷花盛开时节的芜湖肯定非常美丽。这里水面极为广阔，覆盖在上面的荷叶与我们的睡莲不同，不是懒懒地躺着，而是像翠绿的大托盘一般挺立着。满满一池塘的荷叶，与排列整齐的、高大的向日葵一起，把欧洲居民的草地网球场围在了中间。在中国生活习惯的影响下，一些外国人也喜欢随手扔垃圾了，以至眼前如此好的美景也很难称得上浪漫，因为总有一股股异味随风飘来，令人郁闷。

尽管芜湖县城并不大吸引人，可这里有很好的生丝。一大束绣花用的彩色丝线，能用很低的价钱买到。周边有几个乡村倒是值得一观，比如金山。我们坐船去那里时，看到了放鱼鹰的小船，数量很多，都挤在河道里。怪模怪样的鸟儿追逐着水中的鱼儿，真像是在英格兰猎狗追逐野鸡的情形。这种鸟儿抓住鱼会交给自己的主人，而不是吞下肚。

午饭是在一个小码头吃的，周围的植物开满了各种各样的花。到达金山的时候，我们边走边欣赏周围的植物。其中有很多野生的艾菊和紫藤，等到它们的花朵开放时，芜湖肯定更加迷人。脚下不断有野鸡飞过，后来同伴终于抓到一只肥大的沙雉，做六个人的美餐都没问题。左边是一大片开阔平坦的农田，上面飘荡着袅袅炊烟。前面是一座小山，站在山顶，四周的美景一览无余。右边山坳里有一座庙，爬上山顶我们才看到它。考虑到还要跑到另一边，我们都有些拿不定主意，不知道走到那里值不值得。最后，我们还是决定冒险前往，从近道去庙里。

这条近路怪石嶙峋，非常陡峭，岩石间开放着一丛丛的百合。它们很像孤挺花，大大的花朵清香怡人，每根花枝上都开着至少六朵黄色的百合。我们每个人都挖了些百合的根,双手抱着满满一大捧百合花向那个庙走去。只见门口立着一尊神像,是个笑眯眯的胖子,很像莎士比亚戏剧中那个爱吹牛的福斯塔夫。三尊代表着现在、过去和未来的佛像,摆放在后面的供台上,十二门徒分立两侧。这些都没什么可欣赏的。

来到庙后面,我们看到大概 40 英尺高的岩壁上,居然有无数真人大小的佛像。这是我所看到的,中国最惊人的艺术品了。岩壁两侧雕刻着牛、马,上面雕刻着鸽子,只是在多年的风吹雨打下都变得有些模糊不清了。一个中国人说:"看那鸽子,原来是两只,后来飞走了一只。"大概为了保护这些佛像,岩壁上方搭着个破棚子。在欧洲,这样的地方肯定有长长的说明,告诉人们作者的创作目的。可是,在中国,我们一团雾水!即使是当地居民,知道的也并不比我们这些外国人多,他们不怎么了解这些佛像。庙宇后院的一半,属于一尊镀金佛像。另一个院子里有几间非常矮的房子,里面住着两个穷苦、清秀的和尚,面带善意。

我们直到太阳下山才离开那里,夕阳映红了大地和远处的江水。这时,一只猫头鹰恰好从头顶飞过,停在山顶的矮树上歇了会儿,然后从岩石上飞过去,消失在了无边无际的平原上。岩石与污泥被烧焦的草衬托着,异常醒目。我不禁回想起英格兰的黄昏。夕阳映照出我们的轮廓,洒落在黄色的百合花上,令人产生如临天堂的幻觉,可污泥的恶臭和成群的蚊子全都迎面扑来。终于坐在船上了,随着竹篙一点一点,船不断地向前走去。岸上那些围观的人,在落日的余晖中渐渐变成模糊的影子。暮色苍茫中,一切都被蒙上了一层梦幻般的色彩,左岸稀疏的竹林,白日浑浊的河流,此时都变得美好起来。在月光下行船，没有了白日的炎热，坐在船上静静地前行，这种乐趣妙极了。

芜湖还有三山，我们也去看了。实际上，它们是三座比周围更高大的山峰。山下也有座庙宇，只是不大吸引人，反倒是庙前的土坡上绿意怡人。我们猜想，到春天时，肯定是满树的紫藤了。爬上其中的一座山，发现它并不美，却很有趣。山顶上有个长满乱草的大坑，人们说它深不见底。实际上，我们还是看到了它的底部。那里有通向周围各个乡村的地道，有很多出口。但谁也不知道这些地道是什么人挖的。当地民间有各种传说，有的说曾经从坑里飞出过一只像鸟一样的动物；还有的说，曾经有一条龙口里含着龙蛋，从这里钻进去，龙蛋落在地上，砸出了这个大坑。总之，说法不一，没有定论。

回去的时候，我们从一个规模不小的村里走过，这里似乎在庆祝什么节日。拐来拐去的大街上，全都铺上了垫子，家家户户挂着灯笼，红色居多，偶尔也有一两个其他颜色的。白天从村里走过都觉得非常漂亮，夜幕降临时，在灯笼的映照下，这村子肯定更令人流连忘返。大街上摆放着上供用的桌子，还有纸花。人们都穿着过节才穿的漂亮衣服，站在门窗后面。我们从每一户人家经过时，里面的男人和小孩就全都冲出来，跟着我们，好奇地看着。这种全村一起行动的架势，我还第一次看到。

一路上，我们还看到了一些大荷塘，以及寺庙。那些古朴的庙宇吸引着我，真想停下来好好欣赏一番，可惜天色越来越暗，后面还跟着好几百人。看来，只有回到船上才能将他们甩掉。还是坐船看仙鹤去吧，这种鸟有着乳白色的羽毛和细长的腿。低垂的夜幕中萤火虫飞来飞去，而我们的小船也像一只胖胖的甲壳虫，闪着点点光亮。

　　这一周，我们在芜湖过得很快乐。离开时，依旧坐船，只是改乘汽船。坐船沿着长江向前走，两岸棕黄色的土地上，栽种着小米与高粱。岸上的村落掩映在绿树之中，庙宇也全都装点得很精美。向远处望去，青黑色的群山，映衬着点点帆影，帆船往来不断。经过一个镇子的时候，我们发现岸上有很多人，原来是全镇人都被汽船惊动，跑出来观看了。男人们身着蓝色长袍，在岸上挨挨挤挤地站着。高处的阳台上，也站着凝神观看的人，有穿蓝袍子的男人，也有穿着红裤子的女人。岸边还有一堆举着大红伞的人，不知是在办喜事，还是在迎接什么重要的客人。水牛在吃草，鸡跑来跑去，汽船经过的时候，它们也都抬起头愣愣地看着。这些人以及他们的生活，就这样在我们眼前一掠而过。至于他们在做什么，我们这些汽船上的人无从得知，也并不在意。可是，这些对我们来说无关紧要的东西，却是他们生活的全部。

第九章　龙王洞和龙丘之行

　　宜昌东部和南部的地貌与峡谷区不同，峡谷区是石灰岩地貌，而这里属于砾岩地貌。在我了解的范围内，似乎只有西班牙蒙特塞拉岛的砾岩面积，跟这里差不多。龙王洞和龙丘就在这片砾岩当中，而我最想记录下来的，就是这龙王洞和龙丘之行。

　　我们是在下午开始向龙王洞和龙丘进发的。我和丈夫坐的是人力抬椅。M 先生太相信自己的体力，非要步行不可，结果过小溪的时候他只能让人背着了。我渐渐有些不耐烦，因为这里河道太多，我们得不断地过河。直到晚上，我们才到达砾岩地区。一路上，总有石头从高高的山崖上滚落。M 先生对我说，那是花岗岩的碎块，你可以想象，能让它们裂成两半的力量得有多大，而花岗岩之间的砾岩得有多么坚硬。河床里一片干涸，满是裸露的岩石，两岸山体清晰可辨，纵横的裂纹如同尺子量着画的。山上满是大大小小的岩洞，远看简直像个庞大的布丁，上面沾满葡萄干。

我们爬到山谷的上边，感觉依然很宽阔，悬崖就在眼前。天渐渐黑了，山路似乎在把我们引向黑色的深渊，直到后来，我们在松柏下发现了一扇门。这扇门看起来很是肃穆，我们认为里面肯定是户人家，结果门里什么都没有。在伸手不见五指的暗夜向前走，没有勇气是不行的。我好几次都想回头，回到山下的村里。谁知，进门后继续往前走，两个弯之后又出现一扇门。在松柏的掩映下走过石阶，我们终于来到一处院落——龙王洞。

　　高高拱起的穹洞下藏着几间庙堂，屋里屋外全都雕刻着龙与鹤的图案。拱沿上不断有水流下来，在院子里形成一个小水潭，水帘后面闪烁着客房里射出的灯光。又爬上两段台阶，才是大殿。走到庙后面，我先生和 M 先生趁着没有灯光，赶紧将带的衣服换上了。这一路攀爬，汗水早浸透了我们的衣服。不过我怕着凉没有换，因为这儿的夜里还是有些冷，直到进了客房小心地四处看看，确定没有人之后，我才敢擦洗并换衣服。

　　就在我忙着穿衣服的时候，走进三个和尚，给我送来点心、茶和瓜子。我叫住他们，打着手势请他们叫来住持。谁知，如果不讲中国话，这些中国人就不搭理你！他们就像没我这个人似的，继续认真摆放着那些东西，直到满意为止。不过，他们的确把所有的东西都摆放得恰到好处。吃完饭，桌子就成了我们临时的床铺。

　　第二天早上，我们就去万佛山了。原野里分布着散乱的田地，河床几乎干涸了，到处都是岩石群，上面满是裂纹和窟窿。一路上，我们还看到了一条瀑布，大概有 1000 英尺高。山道紧贴峭壁而建，有的就是从峭壁上开凿的。人在路上走的时候，没什么特别的感觉，只有回头远望时才知道刚才有多小心。稍微陡峭的路上都有台阶，让人感觉还好些。天气实在热，我们一路向上，感觉越来越憋闷，喘不过气来。M先生说，最好能让我们这些登山者吃个橘子。我们在一块较平坦的岩石上休息一会儿，正要继续前进，M先生突然大声喊道："我必须再休息一下，抽根雪茄，太累了！"

昨天就是因为他们要在山涧游泳，耽误了行程。今天他又要休息，我不高兴地说："哦？赶紧走吧！"话没说完，我就看到了山路的尽头。原来我们已经爬到了山顶，龙丘就在山谷对面，比我们高出三四百英尺，右边是一堵大约八百英尺高的石壁，一直延伸到谷底。石壁表面非常平整，如同被人雕琢过一样。群山之间高高耸立着的龙丘，就是万佛山了。群山本就很美，在龙丘的映衬下，又平添了一番宏大景象。去龙丘，必须要经过山谷间一座天然形成的石桥，两边就是无底的深渊。过桥之前，M先生把龙丘拍了下来。我走在石桥上，用脚量了量，它恰好是四个脚掌的宽度。

看着简单，要想走上石桥还是有难度的，因为必须先迈上几节坑坑洼洼的台阶才行。我小心地走到桥上，努力不让自己恐惧，可眼前全是古怪的石头，不由得有些心惊肉跳。这地方最适合用来惩罚罪人，把他们推到深不可测的谷底，就万劫不复，永远不能投胎做人了。白色的百合花与黑草莓生长在这里，这是我第一次吃到没变红就很可口的黑草莓。

位于龙丘上的这座寺庙很干净、整齐，庙前的台阶也挺完整的。不过，站在龙丘顶上，我们感觉有些憋闷，就再次从石桥回到了对面。远远望去，蜿蜒曲折的长江正在静静流淌。我们期待着能看到从汉口开来的汽船，谁知一艘也没见到。当天夜里，我们住在了龙王洞。庙里的和尚带着我们参观了他们的大厨房。里面岩洞可多了，我们沿着台阶走过一间挨一间的庙堂，感觉真是奇妙。第二天早上，我一个人出去玩，更加深了前一天夜里对这里的浪漫印象。

龙王洞后面有个地下湖，人们说可以一直延伸到地底深处。好像有人去探求过真相，走进了地下湖，结果去而无返。湖边停着一艘大船，是庙里和尚的。每到干旱天气，他们就坐船去湖里向龙王求雨，救济苍生。在中国人看来，龙王是负责降雨的天神，所以，为了留住龙王，他们在湖边修建了三座龙王庙。他们觉得这样就可以保一方风调雨顺，不再遭受旱灾了。

岩洞里昏暗得很，可湖水依然很清澈，能直视湖底，总让我担心会一不留神掉进去。水面上飘动着蓝色的雾气，这更加重了我的恐惧，同时又让我很好奇。我们沿着湖边继续前行，前面突然出现一座小庙。庙里好像还有个人，身披袈裟，正盘腿坐在那里沉思，头低垂着。我曾经在伦敦遇到过一个人，他说自己是印度人，还说想使英国人明白，所有的事物都是有灵性的。此时庙里的这个人，真像那个印度人。水汽弥漫中，此人似乎在动。渐渐看清了，原来是一位宋代大医学家的塑像，真是太逼真了。我见过很多中国的塑像，这一尊给我留下的印象是最深的。

回到庙里的时候，我先生正在和两个身上脏兮兮的和尚交谈。他手里拿着一本破破烂烂的经书，仿佛在问他们什么问题。窗外的山上正飞泻着一股长年不息的泉水，苍松翠柏掩映着山上的岩石。我叫住一个年龄不大的和尚，他有些害羞。通过交谈，我了解到，他家里共有三个孩子，父母为了还愿，才把他送来做和尚的。

下山回宜昌的时候，我们没有走原路。当时雨下得很大，山路泥泞又危险，还不如走水稻田。山下有个叫安乐庙的村庄，村里的河流直通长江。河面上有人在放鱼鹰，这些鱼鹰的脖子上都套着环，默默地捕着鱼。我们从这里上船返航，这么大的雨，衣服倒没怎么湿。

回到宜昌的时候，那里的汉学家笑话我们说："如此大的风雨，你们都能安然无恙地回来，真可谓奇迹！你们快成名人了！"我先生来不及换衣服就跑去安乐庙了，那里有地方官员举办的欧式晚宴，专门用来招待欧洲人的。说是欧式晚宴，可天气实在又闷又热，以至吃饭的时候人们不得不将上衣脱下来，裸露着身体。而我已经精疲力竭，七个小时的艰辛旅途让我躺下就睡着了。

我曾经琢磨过龙王洞地下湖里的蓝色水汽到底是怎么形成的，猜测可能是炊烟导致的，因为当时正是厨房里做早饭的时间。由于这个想法，我再次对龙王洞产生了浓厚的兴趣。

没到过三峡的人肯定会认为，那里两岸的山岩怪石最吸引人，要比普通的石头美得多。三峡的基本地貌是由石灰石、白云石、花岗岩和斑岩构成的。岩石的断层不少，也有很大的起伏波动，可整体看起来，形状保持得很好。一点也不像有的人所描述的那么恐怖，也并不像伊拉瓦蒂或科罗拉多大峡谷，身处三峡之中，你会产生和那些地方不一样的感觉。

往三峡的入口游龙洞走的时候，居然有数不清的蝴蝶在我们周围飞舞。这些蝴蝶种类很多，不停地在我们身边舞蹈着，很快我便认出了其中的八个品种。地上有一只尾巴长长的蜥蜴趴在那里，似乎在迎接我们的到来。它的头有些像蟾蜍，还长个肉瘤，背上对称生长着金色的道道。往水面看去，一只红色的蜻蜓在休息，细长的尾巴打着卷儿。尽管处于少雨的天气，悬崖下的深涧中依然传来潺潺的流水声。

游龙洞再往前，就是太平山。我想，能在这种地方盖所房子生活，简直就赛过神仙了。太平山坐落在长江边，对岸就是高达 2000 英尺的峭壁，山顶上还有个小小的庙宇。对岸再往前去有个天然的小盆地，四周都是山。盆地右边有座 3000 英尺高的山峰，峰尖上也有一座小庙。要想征服这座山峰，还真需要些耐力与坚韧。对一个新手来说更是如此，得不断向上攀爬，锲而不舍才行。

　　当然，假如你没有征服这座山峰的心思，那就可以继续往前走。顺着狭窄得不能通过一顶轿子的石阶前行，一直可以走到三峡尽头的重庆。如果你喜欢步行，那么这儿绝对是理想的地方。我就不再赘述了，因为我丈夫的《三峡游记》当中对这一切描述得已经非常细致了。

第十章　阎王爷的府邸——丰都

　　中国人去世之后，便会修书一封寄往丰都城。不知道那里有没有收到过来自英格兰的信。道士写完信，便将它郑重地烧掉，因为这是将信寄给死人的皇帝——阎王爷的最好方式。人们传说阎王的府邸就在丰都，就像百姓拥戴的真龙天子所在地是北京一样。对自己国家的鬼，中国人十分信服。在他们看来，不能说中文的人就是哑巴，那如果这样的信用英文写，不知道是否可行。可实际上，我真心希望自己写的信能在被焚毁之前到达目的地。

　　一个小伙子会用英文和我们交谈，他似乎很为此而自豪。他把价目表递给我们看，我被上面的价格吓了一跳，内容是："冥王祭师五千文钱。"我高声问道："冥王的祭师是什么？"这个年轻人不露声色地说："就是那个刚下船的道士。""你怎么知道他就是冥王的祭师呢？"我又问。他说："我就是知道。"

　　这下可好，必须得准备五千文钱才能看到冥王祭师的风采。山

65

顶上有座建于东汉时期的道观，这位祭师就来自那里。如果不对道观进行保护，将会造成无法弥补的遗憾。山脚下有一座绿顶子的塔，山上树木茂盛，道观和庙宇随处可见，远望还可以欣赏长江的景色，真是令人留恋。可人们对这些道观、庙宇以及脚下的山峰，都不太关注，所以把这座山献给了阎王。这里就是人们所说的极乐世界。在这儿，什么都难以吸引我们，空气中弥漫着一种死气沉沉的气氛，一切都令人感到无趣、提不起兴致。

在山上我们看到一口枯井，离它30英尺的地方堆着很多纸灰。听人说，这口井能与长江相通，所以人们总是想对它的深度一探究竟，便把燃烧的纸扔到里面去。山上立着阎王的塑像，左右陪伴的是他的两个妻子，当然也是塑像。当地人说，右边的塑像里有一具女人的遗骨。传说阎王在三百年前从花轿里抓来这个女子做第二任妻子，而当时，女子正准备嫁给一位活的新郎。当然，我们此时所看到的只是一件精心绣制的衣服，谁知道是否真的有遗骨呢？就当传说是真的吧。

这儿倒是有些趣味，我想买个什么做纪念。打杂的小伙子指了指庙墙那边，原来上面挂着一些小弓箭。我刚要拿下来挑选，却发现它们是当地人为自己生病的孩子祈福用的，祈求让孩子早日脱离病魔与死神的摆布。那个小伙子说，庙前供奉的大钢刀是可以卖给我的。后院有个带龙头的铁井盖，很是吸引我，便想起要给它照张相。我问旁边的人，可不可以将井盖搬出去照相，见没人出来反对，我就请两位英国士兵帮忙，他们答应得很痛快。井盖刚放好，一个道士就来到旁边站着，似乎已经摆好姿势。不仅如此，他还说如果能给他一炷香拿着，拍出来更有效果。中国的这些平民和道士，真是善良的人!

　　一下子有很多人都想照相,不仅有前面那几个人,厨师和忠州知县派来保护我们的官差也来了,都不想错过这个拍照的机会。这个官差是个又老又迂腐还很固执的人,因为他之前责打过一个淘气的小男孩,我从那件事发现了这一点。那个男孩当时朝我们扔了个小石子,没有什么恶意,可能只是想吸引我们的注意力。三个英国海军士兵和一只小狗也同我们在一起,由于很多人都来围观,所以我们只好将小狗抱着走。为了把围观的人甩掉,我们专门挑了一条偏僻的路上山,可后面还是跟来了五六十人。来到山顶,路边早就等着很多围观的人。下山时人就更多了,一路上站着一排排破衣烂衫的乞丐,顺着山路站了很远,景致都被他们破坏了。不过,这些人没有恶意,而且很善良。其中一位老农妇很想看看小狗的样子,特意跑过来,请我们将小狗放在地上。

　　这座山上有三座桥,阎王和判官的雕塑也有几尊。那些桥看起来都很素雅漂亮,据说死后能走过这些桥的,都是那些心地善良的人。女香客们才是最有意思的,她们居然穿着超短裙,戴着大得夸张的耳环。很多乘坐女香客的船停靠在丰都雄伟的城墙下,此时我们乘船顺流而下去往丰都,那些女香客坐的船则往上游驶去。

　　1870 年丰都被毁掉后,当地的百姓在山上修建了新城。可是,洪水倒是可以避开了,生意人却也因此被阻隔开来。再也没有人在新城里面住过,就连衙门都没人。衙门的门楼、兵营早就破得不成样子了。

　　在丰都,我们换了个新桅杆,旧的几天前就已经坏了,被我们用旧鞋子捆绑着维持了几天,到鞋子也坏了之后,我们不得不用了根破棍子。三天以前，木棍也折了，桅杆倒下来砸坏了船舱。第二天，船又被石头撞了个大裂缝，我们只好将行李扔到岸上以便修船，整整半天时间才修好。忠州知县就是在那时产生了派人保护我们的想法。谁知，后来船再次撞在岩石上，船底虽然安然无恙，纤绳却断了，无奈之下只能漂流，幸运的是没过多久我们便靠岸了。往重庆去的路上，风景已经没什么好看的，还总有人聚众闹事，令人心里不舒服，我只愿能平安到达。

到万县的时候，情况发展到最严重的程度，围观我们的人越来越多。随行的三个士兵，只能努力不让这些人离我太近。忠州江边的卵石滩很美，我想在那里留影，结果，几乎江边所有的人都远远地跑过来围观。当时，随行的英国士兵有五个人。当我们上船离开的时候，那些追着看的人都一拥而上，坐了满满三只船，继续跟着观察我们的举动。这样的围观船只，到后来还在不断增加。

反倒是农民们没有给我们带来什么麻烦，因为他们见到我们又吃惊又害怕。我们碰到的最有意思的人，是个云游和尚。他身边有两个随行的人，帮他挑行李。每到有人躬身向他虔诚地说话时，这个和尚就不断地重复"阿弥陀佛"。我猜，这句话的意思大概是"佛祖至高无上"吧？假如你在中国摆出一副好心人的模样，就有可能声名鹊起受人尊敬吧？四川是中国较大的宗教集中地，受其影响，这里的庙宇有很多。

四川同时还是美女集中的地区。经过万县的时候，我们就看到过旁边船上的美丽女子。她们大部分有着红扑扑的脸庞，娇羞而美丽，大眼睛水灵灵的。不过，女性在这儿的地位还没有什么改变，我就曾亲眼见到一个年轻女子被吊在一家人的高墙上。这里的妇女格外美丽，男子也不同于别处的，全都在头上扎个头巾。

　　冥王的祭师就在丰都城，阴间很近了。这里生长着茂盛的罂粟，还有一群面色很差的人，一望便知是吸食鸦片的。假如你想在丰都得到些人生的教诲，那么肯定就是关于鸦片的危害了。

第十一章　传教士的穷日子

我们总是很关注在中国的这些传教士们。义和团起义之前，传教士的收入是人们注目的焦点。从世界各地涌来的传教士，每年都不少。在中国如此恶劣的环境下，到底是每年给这些不会说中文的人200英镑的年薪，还是让四个人平分这些钱呢？这个问题饱受争议。传教士们在中国可以不用自己出钱租房，但须自己支付吃穿、坐车、看病以及中国助手的工资才行。据豪斯波夫先生说，在中国他每个月需要10个大洋的生活费（一个大洋合2先令）。可是，为我们做事的中国雇工却说，他们每个月仅吃饭一项就需要4个大洋650文钱。这么说来，豪斯波夫只用5个大洋350文钱就可以解决吃饭之外的一切了。

不过，把一个平日身处英格兰优越生活中的绅士与中国的劳工相比，似乎不大合适，他们的生活费也该不尽相同吧？夏日的时候，我们去过好几个位于中国西部的传教地区。生活在中国的外国人，对这些天主教的传教士给予了很高的评价，因为在他们看来，这些传教士的思想深度和素质都比自己国家和中华内陆会的传教士强。当然，这些传教士对我们更是热情友好了。

旅行者总是对某地的风土人情非常感兴趣，可是在中国，如果你想从当地人那儿了解这些，肯定得不到满意的答案，尤其你还是个外国人，而教士们倒是可以详细地为你介绍一番教堂周围的情况。中国的传教团体很多，如果要说出这些传教士中哪个更好些，肯定会引起某些人的不满。换句话说：假如天主教的传教士中真的有圣徒，那么他们肯定是我们遇到的中国传教士中的一两个。用新的教义将中国人唤醒，应该是传教士们的任务，不过，似乎也有一些传教士并不适合这份工作。

天主教在中国传教的时间是最长的。我们最早探访的一个村子，150年前就已经开始信天主教了。只是这里没有牧师常住，因为村里没有教堂，只有村民自己出钱盖起来的一座大房子，里面的堂屋是用来迎接牧师的礼拜室。村里有三个女子学堂，没听说男子学堂如何，不过想来应该是有的。其中一个女子学堂的老师是位老太太，在一个农家大院的小屋子里讲课。学生们总有不来上课的，她们太腼腆，老太太又因为年龄的缘故，有些耳背，所以双方交流得不大顺利。其他两个学堂倒是不存在这个问题，女孩子们唱歌、读书，只是算术有些费劲。她们都长得眉清目秀，脸庞红扑扑的，眼睛里透着股机灵劲儿。

同中国的其他地方比起来，这个村子的卫生状况要好得多；再看看附近的那些村子，它这个特点就更加突出了。其他村里的人总冒出这样的话："我是信奉三大宗教的，不会加入基督教。"估计他口里的三大宗教，就是儒、道、佛吧？一个长得很不起眼的小男孩，就曾这样说过。我们几乎可以断定，假如一个村子看起来肮脏不堪、乱七八糟，那么村里人肯定是信奉中国宗教，而不是天主教的。距离这个天主教村不远的一个村子，我们都没敢在里面吃饭，因为那些村民全都脏兮兮的，看起来目光涣散、精神疲惫。和我们一起赶路的男子是个教徒，衣着大方得体，他说自己家就是经营旅馆的。于是，我们顾不上旅途劳顿，毫不犹豫地跟他走了。

这个人经营的旅馆，房间干净极了，是我们期待已久的最整洁的地方。店主人说，他妻子的弟弟还在那个天主教村里开了一家旅馆。他们全都热衷于传播教义，每个人都发展了六十多个教徒。原来，信教的村子那么干净整洁，并不完全是宗教信仰的功劳，而要归功于这个积极向上、和谐、品质纯正的团体。鼓励村里的中国人都信教，让他们自己修建教堂，开办学堂，定期派牧师去那里传教——这种传教方式大概是最适合他们的。

往洪庙场的牧师驻地赶的时候，我们在山坡上看到一个小村庄，村民都信教。山坡上的民房随处散落着，成群的牛在其间走来走去。从这里到洪庙场，还得走二十多里山路。牧师住的地方外表庄严肃穆，实际上是三个普通的中国院子和一个小有规模的花园。旁边的教堂并不华丽，装点得简单大方。女子学堂就坐落在教堂的拐角处，与牧师的住所之间谨慎地隔着男孩子的寄宿学校。

我们是在星期天早晨到达那里的，人们刚刚做完弥撒，慢慢离开。很多人还在结伴聊天，或者跟牧师谈着什么。牧师很年轻，来自法国中部的山区。他特意让我们看了看他书桌旁边新装的几块玻璃，似乎很为此自豪。中国的窗户大多是糊着纸的，屋里光线很暗，工作不方便，而这位牧师却可以在屋里办公。他的屋里没有什么贵重物品，只有三把椅子和简易书架上摆放的、从法国带来的几本书，连桌子都没有。

这位牧师平时根本没有饮料可以喝，只有做弥撒时用的葡萄酒。他身上穿着中式衣服，戴着当地的斗笠，去巡视教民的时候，骑的是高大的骡子。在这里，他没有亲人、朋友，只有自己。距离他最近的欧洲人，离这里也有一天的路程，再远些的，走好几十天都未必能见到人。他有一本带插图的旅游册子，上面有他在法国山区的家。我们注意到，他让我们看的时候，视线一直不敢接触上面的图画，即使瞟都不敢瞟。原来，他已经十年没回过家了。法国人感情都很丰富，那些画有家乡风景的插图会勾起他思乡的愁绪。

他说自己没有报纸看，连信都很少收到。我们问："在漫长的冬夜，你是如何度过的呢？"他说熬过最痛苦的第一个冬季后，就慢慢习惯了。从这一点可以看出，他在传教士中的地位并不高。假如再来一个牧师，就可以有个欧洲人跟他做伴了，思乡的愁绪也能被冲淡些，信教的那些村子也可以变得更好。因为，一般人是难以承受独自教化中国人的任务的。

花了整整一周，我们又来到了另一个传教士活动的地区。这里的传教士多些，有三个。打箭炉镇子外面矗立着庄严肃穆的教堂，像个堡垒似的，守护着广阔的田野。教堂的礼拜室非常小，却布置得很是得体。女子学校被中国修女管理得井井有条，尽管只有八个藏族女学生，还很爱脸红，可她们把课文读得非常流畅，歌声高亢而美好。我们给她们出了一些算术题，结果她们全都能够流利地说出答案。

这三个传教士为了来中国传教，准备了很多年。他们不仅自己筹钱置办了骡子、马匹、侍从，还用了很多年劝人们相信基督教义。这样一来，那八个女孩才能在教徒的资助下得到非常好的教育。尽管这些穿着中国服装的神父们在生活上已经很节俭了，可是传教的费用实在太高。不过，他们说，一切还是会继续下去的。这几个神父倒是有些社交活动，却同前面那个神父一样，没有报纸看。这个问题不能责怪任何人，只能说中国的邮政系统存在问题。

教堂的花园开满了鲜花，那里建了一个很大的鸟舍，满是小鸟。接待室的墙上挂着画和很多地图，中国式的庄严肃穆充斥在房间里。实际上，只有这间屋子给人这样的感觉，其他房间并不是这样。我们的来访，让这儿的神父感到很荣幸，这一点跟英国的传教士不一样。他不仅毫无保留地把自己知道的都告诉我们，而且对政治问题也不避讳。

他问我们："今年英国大选的结果怎样？你们知道吗？"同时将各个党派参选的人数，详细地跟我们一一报来。他还问我们接到过来自家乡的信没有，并告诉我们，最近那里死了很多人，是霍乱导致的。另外，他还极有耐心地为我们讲述了，来过这里的大人物都有谁，那些人游览过哪里，有哪些经历，做过什么说过什么……后来我们才发现，那些显赫人物来到这里的时间是以年计算的，而不是月。二十年来，这个地区跟外界仅有的几次联系，就是那些了。

离开的时候，他还热切地跟我们说："你们会永远记住这里的一切，绝对不会有遗憾的！"他眼睛湿润着，又说："尽管你们该走了，可是我心里会永远保留这段有你们陪伴的记忆！"他已经在这里住了十一年，可他说过的那些经历似乎都发生在他的昨天。我们心里不禁暗想，传教士付出了高昂的代价！

后来我们回到乐山，在那里第一次观赏了新教的活动。两个中华内陆会的传教士，和豪斯波夫先生创办的圣公会的一个传教士，住在这个可爱的城市中一座普通的中国房子里。这所房子没有花园，视野也不好，更没有传教必不可少的临街礼拜堂。对于我们的到来，传教士们显得很高兴，不仅向我们表示诚挚的欢迎，还热情地招待我们一番。一般来说，只有英国传教士才会有这样的礼仪。他们的房子不能说很好，可是比起那些肮脏凌乱、异味扑鼻的中国旅店来说，已经是很好的休息场所了。况且，这里也没有人群来围观我们。

中国内陆传教会的教士，已经在这个房子里住了四年。他们说，当地人现在不仅喜欢而且尊敬他们，而刚来的时候，阻力来自四面八方，他们连房子都找不到。为教士们煮饭、整理内务的用人只有一个；还有一个，是负责传教的福音传教士。傍晚时分，酷热的感觉刚刚退去，他们就开始习惯性地做起自己的事情来。一个负责家里的事，一个要去乡下，为第二天发放福音书做准备。去乡下那位，主要是去劝说人们记得领取，尽管不能以此引领他们入教，却也能改变传教士在当地人心中的形象，从而减少偏见。

非常明显，尽管这些传教士的生活简朴得很，却愿意花更多的钱用在福音书和宣传教义的小册子上。他们是这样说的："我们曾经想过，对领取小册子的人收取些费用，可那些舍不得花钱的人不就看不到上面的教义了吗？"他们用来给自己买奢侈用品的钱少之又少，况且一年才40至50英镑的收入，够买什么呢？他们过的简直是流放一般的生活，可他们不仅没抱怨钱少，也并没有喊苦。在他们看来，这里的中国人是最可爱的，这个镇子是地理位置最好的。

这是英国传教士的另一个优点 —— 对中国人有好感。法国的传教士则相反，他们说喜欢中国人的时候很少，更多的是在表达对中国人的厌恶。英国传教士对中国人的这种真诚与挚爱，让我确信一点，那就是：他们真的是在无私地付出着。同那些和他们本性与生活习惯完全不一样的人生活在一起，是需要一种自我牺牲精神的，他们就是这种情愿牺牲一切的人。

去峨眉山的时候，路上我们遇到连续几天的暴雨。雅岳河水涨势凶猛，无法行船，耽误了我们三天行程。整整一夜，我们都听着屋外的倾盆大雨。天气稍有好转，我们马上派人去打探消息，回来的人说渡口被封了。再后来，我们就看到有房顶和狗的尸体在江面上漂着。当地人说，要是雨一直这么下，就会有知县的公文下令禁止杀生，猪或者别的什么动物都不可以杀了。因为他们认为上天是要惩罚地上的百姓，所以下起了暴雨，为了请求上天的原谅，必须禁止杀生。我们很想在禁令开始生效之前离开这里。不仅温度计外皮在这种闷湿环境中长了霉斑，一路陪伴我们的小狗也不舒服，不住地狂叫，它身上长了几乎一个兵团的虱子大军。尽管我们住的是旅馆的高级包房，可还是想快点离开，因为房间已经开始出现臭味。真想赶紧去峨眉山，呼吸一下干净清新的空气。

这里的景色真是太美了！城墙里面到处是苍翠茂密的树木和绿色的花园，外面则有雕刻在悬崖上的巨大佛像、古老的高塔、小巧的亭子。在三条河交汇的地方，周围都是巍峨的红色砂石山，唯独江心有一座葱郁的小岛。这里也有山洞，其中有两个我们去探访了一番。一个有两层，另一个很深，据说达到 380 英尺。有的山洞是在天然石壁上开凿出来的，高 6 英尺左右，凹进去的地方可以让人睡觉休息，还有搁架的地方可以放东西。从洞口精心雕凿的样子看，以前肯定有门用来透气，不过，应该是从里面才能打开。岁月的痕迹到处可见，却无法得知它具体的年代。

中华内陆会在这里的一个传教基地，是唯一能显示此地进入现代社会的标志。不过，它是隶属于圣公会的，大概在经济上可以得到支持吧？据知情人透露，一年40英镑就可以在此地生存。豪斯波夫先生与他的同伴，每年只需要40英镑的生活费，平均每人就只有20英镑，不知道是不是真的。总有人认为传教士来中国是有某种企图的，所以有人说，应该让持有这种观点的人到这里过一个夏天，感受一下其中的艰辛。这儿的肉食只有鸡肉和猪肉，吃的盐发蓝绿色，吃的糖要先洗洗，另外还有些乱七八糟的小吃，加起来每年共40英镑的开销。

如果你觉得传教士来中国的目的是旅游和探险，那你知道吗？从上海到这里的运费比从英格兰到上海要贵两倍。不仅如此，在中国任何一个你熟悉的城市一连住上四年，那样的感觉你明白吗？这两个年轻的传教士四年前就来到这里，如今还没打算离开。

大概东山街上从没出现过穿欧式服装的女性，居然有人故意为难我们，他们在台阶上画了个十字架，觉得这样就可以阻止我们走过去。听说最初有传教士来到这里时，当地人觉得他们不是好人，认为基督徒什么坏事都做得出来，或许会把孩子偷走，于是，做父母的为了使孩子逃过基督徒的恶行，都在孩子身上画上了十字架。罗马天主教也在这里设立了传教基地。有个神父来四川已经28年了，他说，刚来时吸食鸦片的人很少，只有1%，最多也超不过3%去；如今大概有25%的人在吸了。这个数字在我们听来已经很保守，实际的情况只能比它更严重。越来越多的人在吸食鸦片，他们正在快速走向自我灭亡。

我用了11天从重庆走到乐山，期间全是陆路。在路上，我发现这里的人与别处不同，全都显得非常虚弱。村里人和我想象的也不一样，我以为他们会背着东西赶路，或者散着步，可是，在那些肥沃的土地旁边生活着的，是面色苍白的村民。这些男人全都躬着身子，似乎不光身体空了，连肋骨都被掏走了。他们手里大多拿着一个小盒子，最初我还以为那盒里是新型的柯达胶卷，后来才发现它比平常的胶卷盒小点，但很结实——这是专门用来吸食鸦片的。

这儿的孩子们倒是很健康，地里生长的庄稼比日本静冈和名古屋之间的还要多。附近有大片的盐场，那里被开采出来的盐井和搭起的井架得有成千上万座。为盐场照明和煮盐的是天然气，也是当地开发出来的。这儿还有一尊高大的佛像，简直令人赞叹——它是用一座山雕成的，草和灌木做成了佛像的眉毛，看起来没有乐山大佛历史悠久，或许是最近有人修整过的缘故。总之，景色宜人的乐山一带，的确是休闲的好去处。

双福场是中华内陆会的一个基地，距离乐山有一天的路程。有两个传教士作为豪斯波夫先生的助手，在基地里研究中国文化。其中一个传教士不仅在这里娶了妻子，还有了个小婴儿。他说当地人挺友好的，就是不愿意听从上帝的教诲。就在前一天，当地人还把他分发的印有基督名字的宣传画撕毁了。尽管他来这里不到一年，可住的是中国最好的房子，不仅有自己专门的研究室，还有教室。令人欣慰的是，学生们上课都很认真。一座小礼拜堂坐落在街边，后面是个大厅，一到周日就会挤满来做礼拜的人。据说整栋建筑是由两个商店改造的。

另一个中华内陆会把一座官邸作为基地，当然官员早搬走了，只有传教士住在里面。从双福场到那里，用不了一天的路程。屋外有个大花园，还有一大片一直连到山根的空地，屋里有些暗。这里的传教士来中国十年，一直没有与妻子办理结婚证，却已经有了五个孩子。

豪斯波夫先生的另外一些手下，也住在这里，专门研究中国文化。在那场刚刚过去的瘟疫中，传教士发挥了很大的作用。短短两年内，已经有十个人先后在这个基地做了洗礼。还有很多人对上帝产生好奇，前来进行了咨询和了解。每到这种时候，这些传教士就会趁机布道。每个中国人都要听上一年布道，才能入教。在我们去探访那里之前，这种传教的工作已经进行得很顺利，也取得了很多成绩。他们都说，中国人愿意聆听上帝的旨意，待人友好。

在去年夏天的霍乱中，八名传教士失去了生命。我们问这些健在的传教士，是不是像人们传说的那样，连饭都吃不饱，他们只是微微笑了笑。尽管他们的居住条件不错，可每年16英镑的工资中，还要扣掉学校和教堂的房租。不过，同前面那些传教士比起来，这两个基地在吃饭、穿衣和居住条件方面，看起来都要体面些。在英国，中华内陆会的一些成员是有身份有地位的。当然，其中不乏自身努力的结果。这些人到了中国并加入中华内陆会之后，拿着很低的工资努力工作，很快就累倒了。可是，没有钱治病，只好向别的国家的传教士去借。

实际上，最省钱的办法就是建立些培养中国传教士的机构，让他们自己去引导同胞听从上帝旨意。中国人过的是简单、朴素的生活，性情和善，比欧洲人脾气好。几百年前，罗马天主教传教士就开始在中国传教，他们早就不用外国传教士了。从劝道的角度来说，中国传教士更适合于自己的同胞，外国传教士做教义指导，组织一些传教活动就可以了。

第十二章　在重庆农村的生活

　　我们在重庆住了整整一个夏天。这里是四川的商业中心，离上海有 1500 英里，如果坐汽船沿着长江往上游走，也只能行驶出 500 英里左右（几年后，我丈夫第一次将自己的汽船开到了重庆，当时船上只有我们两个是欧洲人）。这个城市里的房子显得非常拥挤，在这炎热的夏季，连呼吸新鲜空气的地方都没有。我们在城边郊外的山上租了块地，想盖个小房子度过这炎炎夏日，知县却跑来阻止。他说当地人对外国人很仇视，我们可以先向当地农民租房住，一起住上三个月，百姓的敌意或许就消失了。还说他可以想办法，劝说农民将房子租给我们。

　　我在炎热的白天都将自己关在民居里，不出去。在海上旅行的时候，人们为了打发无聊的时光，总会写写日记。我也出于同样的理由，记下了自己的农村生活。尽管我没有天天记日记的好习惯，但有趣的事一件也没落下。我的日记里，包含了这段农村生活中的酸甜苦辣。

1898 年 7 月 6 日

（编者按：此处日期疑为作者笔误。一则，在这组日记的结尾，作者于日本补记的日期是 1894 年 8 月 3 日；再则，据相关资料可知，作者的丈夫于 1898 年亲自驾驶一条名为"利川号"的汽船到达重庆，而本章中作者自云丈夫是几年后第一次将自己的汽船开到重庆的。）

上午十点我独自出发，去我们的房东家，他住在长江另一边。两个小时后，我终于到了。滚滚江水从我脚下缓缓流过，这下面就有当地人所说的龙门，实际上，是冬天江水枯竭时出现的一些狰狞的石头。夏日江水暴涨，龙门就在水底，船则行驶在龙门之上。由于天气太热，不得不让渡我过江的苦力休息下，吃点东西。之后，才让他们将我送到了山上的土地庙里。

一到房东家，我就很生气。前几天我就已经要求他们打扫房间，可屋里一点打扫的痕迹也没有，满是灰尘。

我问："为什么神龛还在这里？我之前就说过让你们拿走的！"

厨师吃惊地大叫："不能动神龛！"

"那好，可以擦干净吧？"我一边说一边拿起鸡毛掸子，刚打扫几下，神龛上就开始灰尘飞扬了。

苦力们异口同声地喊道：

"我们都不敢动它，你更没有这个权利！"

我回答："那好，女主人来吧！"

女主人伸开双手表示歉意："我也无权动它。"

苦力们再次异口同声地喊："她只是个妇道人家，哪里能碰神龛呢？"

男主人走了出来，显得温和而严肃，估计有动神龛的资格。看他那架势，似乎想动手打扫一下，可他的神情却显得敬畏极了。我看他也未必肯做这件事，便独自清理起来，竟在灰尘中找到几样东西。

我说："菩萨肯定喜欢干净，不喜欢灰尘。"结果，他们支支吾吾半天才说，这几样东西不是佛龛，而是自己祖先的牌位。我说："祖先也不喜欢灰尘吧？干净谁不喜欢？"男女主人倒是对我说的话很感兴趣，女主人虽然还是不敢动祖先牌位，却同意了我的观点。

我继续说道："纪念祖先的时候，我们英国人都是摆放鲜花的。"孩子们听了我的话，居然向我扔来鞭炮。大概在他们看来，供奉祖先牌位比放鲜花更能表达对祖先的敬意与缅怀。

最后，在主人的带领下，他的大儿子与他一起擦拭了祖先牌位和香炉。一个苦力把供奉祖先牌位的龛擦得一尘不染，之后又将上面的柜子也弄干净了。龛下的柜子里有些发霉的书，我把它们拿出来在太阳下晒干，抖掉灰尘，再整齐地码放到龛里。做这些事的时候，没有人出来反对我。主人的长子将祖先牌位上的白纸撕掉，重写了一幅贴上，上面写着："祖先在上，万古长青！"还在牌位上镶嵌了块小镜子。由于我的一再坚持，他们又用清水将祖先牌位洗了一遍。我发现，他们对祖先如此地尊敬，却不会去管祖先牌位下的柜子，谁爱放什么都可以。这简直令人感到不可思议！祖先牌位前有个供桌，主人的长子在上面放了两个坛子。

隔壁的农民一直在忙着纺棉花，织机的声音伴着我们入睡，又伴着我们起床。

7月7日

中国的衣服真凉快,第一次穿上后,我便决定整个夏天都穿它了。今天又是打雷又是下雨,令人心情很压抑。这比长江水面高出700英尺的地方,也无法排解我心中的郁闷。

7月8日

我的窗外就是打谷场,它是用三合土垫起来的,很适合坐下来看风景。可是现在,农民们在上面摆满了纺纱机,不停地忙碌着。我昨天用棉布条和草把脚裹上了,结果弄得很不舒服。女主人要帮我,并给我拿来比她自己那个宽很多的裹脚布,因为我的脚比她的大很多。她给我裹脚的时候非常小心,好像在裹自己的小脚,不仅把脚上每部分都照顾到,而且动作娴熟,让人感觉很舒服。我为此感到惊讶。

我还和女主人一起去爬山了。后来发现不远处的天空有闪电,还传来滚滚雷声,似乎有一场一触即发的暴雨离我们越来越近了。于是,我们快速跑到山下,连衣服都没换,躲在屋里等着暴雨来临。中国的衣服单薄些,我被突然降临的冷风吹得打了个冷战。像炮弹爆炸一般的惊雷猛地在空中响起,紧接着,我们就听见有什么东西掉进水稻田里去了。女主人一下子兴奋起来,赶紧跑出去看是怎么回事。我有些乏力,就没有跟出去。原来,路边一间祠堂的屋顶被雷劈掉一块石头,滚到水稻田里不见了,同时还传来一股非常浓的硫酸味。外面早已聚了很多人看。

7月9日

浑身疼痛,发了一夜高烧。尽管当晚下着雨,苦力们还是将我送到了镇上。我丈夫一路跟着,连睡衣都没换,只是将裤子往上卷得很高。苦力们的裤子卷得更高，腿露在外面，显得非常有力量。我又一次认真地穿上欧式衣服，变回了那个欧洲女人。我还是觉得欧式服装更适合自己，穿起来也更舒适些。

7月19日

一早我就闻到了空气中的清新味道。这样的好天气，最适合翻晒草垛了。女主人有个小孙子，脚上生了脓疮，却拒绝用药清洗。女主人正在外面数落他。院子里有一棵核桃树，女主人就坐在下面洗衣服。她洗衣服不用肥皂，只是将衣服放在一个很大的木盆里洗，却能将衣服洗得很干净。

今天是纱线上浆的日子。主人先把米汤烧开，然后把纱线放在里面煮，最后暴晒。我们随身带着的小马需要个马棚，主人腾出个猪圈给它，又另盖了个新的。四川的厕所一般和猪圈连在一起，作为肥料的唯一来源。厕所外表看起来还不错，里面也粉刷过，只是猪圈加上厕所的味道实在令人受不了。

主人有个大女儿，今天一顶轿子将她送了回来。她说丈夫打她了，这真令人心里难受。她的丈夫是个卖布的小老板，自己有个小商店。她请裁缝做了件新衣服，可并没有要求人家在自己丈夫的店里买布料，丈夫知道后，不仅拒绝给她付钱，还动手打了她。

我们拿着把椅子，牵着马来到后山散步。出发的时候已经下午五点多了，看着夕阳下的一切，懒懒地斜躺在山上，一丝伤感油然而生。远处的一座高山上聚集着云朵，预示着即将到来的雷雨。在夕阳的映衬下，这座山轮廓清晰，山体闪着金光，顶部很平坦，这就是有名的金佛山，从重庆出发要走三天才能到达这里。不过，到这里度假的传教士已经有两批了。

我们雇佣的苦力当中有个当过兵的，他说曾经与将军一起到金佛山上香。山顶上的庙里根本住不了人，居住环境非常差。他还说，金佛山紧邻贵州省，所以，山上汉人、苗人都有。很多老乡围着我们，热情地讲起其中的一个传教士队伍。那些传教士一共九个人，身边带着孩子和五个拿行李的苦力。我心里想：希望他们能找到住宿的地方。天气实在太热，即使能遇到一些条件不错的旅馆，也不会是一趟舒适的旅程。

　　夜晚降临，银色的月光洒下来，晚风轻轻拂过我们的肌肤，这感觉真是美妙极了。就在我们惬意得要睡着的时候，一个小男孩跑来非要看我丈夫的洋枪不可。他似乎对枪很感兴趣，整整一天眼睛都盯在那把洋枪上。突然，全村的男人一下子涌出来，手里拿着的不是棍棒就是梭镖。原来，他们在追赶一只我们叫不出名字的动物，说是它偷了他们的玉米。我们的厨师和苦力们，也都跑过去看热闹。那些男人，白天时已经用石头和土封住了农田边上的一个洞口。现在，他们一拥而上，将洞口挖开，又发现了两个洞口。

　　一个男人拿着厨师递过去的蜡烛照洞口，烛光在风中晃动着。恍惚中，我们看到跑来两只狗，心里不由得一紧，真担心那狗以为烛光是自己的猎物。农民们恳请我们把手里的黑手杖借给他们，伸进洞口去捅捅里面的动物。我们没有答应，并表示对此一点也不感兴趣。这好像是野猪的洞，人们用梭镖往里捅啊捅，也没什么动物往外跑。估计那野猪根本没回去，否则，鼻子还不被捅破？

　　宁静的夜空中，银河低垂，月儿向西沉去。田野沉浸在一片诱人的寂静当中，白天看起来参差不齐的水稻，在夜幕的掩映下竟然平整而美丽。我们站在山顶，边呼吸格外清新的空气，边数着天上的星星：牛郎星、织女星……后来我们就下山回去了。女主人为没能加入追野猪的队伍而感到遗憾，因为家里没人，她只能留下看家。尽管这是个有钱人家，能用烤玉米招待客人，却连根蜡烛都没有，只用一个自制的油灯来照明。说是油灯，实际上只是一个小碟子，里面倒点豆油，再往里放个棉线的灯芯罢了。

7 月 20 日

两周之前，孩子们送来了美丽的卷丹兰，并告诉我，将花苞泡在水里，很快就会开花，美丽极了。每天早上，他们都会跑到我面前，鼓吹一番这花的美丽。如今，卷丹兰没有了，前天他们又送来一种乳白色的百合。在我看来，比卷丹兰好看多了。

前一段时间，厨师跟我们说，他不打算娶四川女人当老婆了。由于之前已经订婚，我们都觉得这样取消婚礼有些不体面，便借钱给他去办婚礼。今天他来请假回湖北老家，说这里的女人又抽烟又抽鸦片，很担心未来的老婆，不知道她是不是抽烟、抽鸦片，所以想回去弄清楚。从他这里我们才知道，四川的姑娘很便宜，10 两银子（大概 1 英镑 10 先令）就能娶回一个老婆，娶一个非常漂亮的也不过才 20 两银子。假如娶进门才发现，20 两银子换来个大烟鬼，那不是亏了吗？不过，他老家的父母和亲人应该很了解那个姑娘。真是一个会算计的人，尽管他没有学过遗传学之类的，却明白影响后代的重要因素之一，就是能否娶个好妻子。中国人总有些奇怪的道理。

我们的一条虾船在江里翻了，账房说："为了避免出事，我吩咐了下面的人，不能再运虾了。你想想看，虾一腐烂就会被江里的大鱼发现，它们为了救自己的同类，会把船拱翻的。"罗马天主教的教士也说："肯定有很多灵魂在船上。"

我沿着屋子后面的小山往南走，穿过杉树林时脚下飞过一只小鸟。低头一看，地上居然有个树枝搭成的鸟巢，里面有四个布满斑点的鸟蛋。在我的请求下，苦力们才没去打扰它们。回来的时候，我再次看到从巢里飞出来的小鸟，真是高兴极了。

今天，屋里又爬进一只可爱的螳螂，翠绿翠绿的。夜幕降临的时候，天空中出现了稀稀疏疏的几颗星星，连月光都惨兮兮的。看样子，又要迎来一场暴风雨了。我们住的农家，房子高大，厚厚的草房顶起到很好的隔热作用，所以，尽管今天高达30摄氏度以上，待在屋里并没有觉得十分热。

7月21日

今天来客人了。一位是房东的女儿，她带着三岁的小儿子回娘家来了。那个孩子还没有断奶，身上穿着他妈妈亲手缝制的肚兜。还有一位客人是个年轻女子，打扮得很是精细，手上涂着红红的指甲油，头发顺着中缝从左右两边向后拢去，上面还仔细地插了一圈白花。她的上衣是镶着白边的白色棉布衫，下身是镶着蓝边的白色棉布裤子。她来了之后几乎什么也不做，似乎很聪明，知道要保持自己客人的身份。房东的女儿跟她完全不同，进门就忙活了起来。她除去给孩子喂奶，剩下的时间全都在帮母亲剥一种荨麻。做粗布的时候，就要用到这种荨麻的纤维。

剥荨麻是个技术活，必须在不弄坏表皮的情况下，将麻秆弄折。我从来没做过这种活，不过，慢慢地，我发现并不难，只要用顺手的工具正确操作就可以了。一般情况下，都是用右手握住剥皮器，大拇指插在上面的环里，然后将剥皮器刀口那端插在麻秆上转动起来，左手则拉住表皮，很轻松地就剥下来了。

今天有些阴，外面也不热，可女主人并没有让我帮她剥荨麻。她双手沾满了荨麻的汁液站在那里，说我的衣服会被弄脏的，所以就不用我帮忙了。他们边干活边用方言谈论我，并说："这个外国人听不懂咱们说什么。"的确，我大部分都听不懂。

过了一会儿，一个男人挑着两筐玉米花来到村里。那些玉米花有的做成了混着糖浆的玉米饼，有的装在一个个小包里。我身边这些大人没有打算买的意思，连小孩子也兴致不高。只有我买了一块，吃了一点，就递给旁边的孩子了。我吩咐手下人多买些，让孩子们都尝尝。在我的带动下，其他人也都抢着付钱买玉米花，吃得都很香甜。听到有人喊贵，卖主说，这种米花糖运到这里要走很长的路，是从重庆来的。起初我看这种米花糖挺干净，还以为是当地农民做的，听他一说才知道自己猜错了。

当天下午，我们去登山。到了山顶，我们让雇来的老马夫牵着马去接我丈夫。谁知，那匹小马竟然在草地上打起滚来，就是不走。老人很着急，只好蹲下跟小马驹聊天。我们听到他跟小马驹不断地说着好话，简直把它当成了人，我只好走过去帮他。老人刚牵着小马下山，身后就传来一阵马的嘶叫，听起来似乎快乐得很。我们扭头看去，只见一匹马向我们走来，它脖子上挂着带红线球的铃铛，身上配着红色的马鞍，前后各有一个人跟着。

山上有所带着大花园的房子，高大雄伟。这时，从里面走出一个年轻人。他手里摆弄着扇子，向我们走过来，嘴里反复地问我们卖不卖马，想不想再买马，似乎是看上了我们的马鞍和小马驹。最后，他还邀请我们去他家里"耍"（重庆话中尽情玩的意思）。他对我们的长毛狗（中国人口中的狮子狗）也很感兴趣，即使我一再声称不卖狗，他还是坚持说要买。实际上，我早就看出来，他最想要的应该是我们的外国马鞍。他告诉我们，他的马是从贵州买来的，花了50两银子（合8英镑），非要问我们的马准备卖多少钱不可，就这样一直纠缠到了傍晚时分。走的时候他觉得很没面子，给自己找借口说，怕太阳下山时会下雨，之后匆匆而去。

夜幕降临的时候，并没有像那个人说的下起雨来，反而异常晴朗，万里无云。隔壁的纺织工大概是与我们一样的房客，他们整夜都在工作。听着他们的声音，我们简直无法入睡。他们从早到晚一直都在工作，似乎从来没有停止过。我急切地想弄清楚，他们租房要花费多少钱。我们这两间房是那个县官帮助定下来的，三个月6英镑。可是，如果把同样的房子租给中国人，租金就要低很多。房东说他们家的人比较多，为了租房给我们，特意腾出了这两间，所以比较贵。于是，我们退掉了一间房。可是，那房子后来却一直空着没人去住。

7 月 22 日

今天是繁忙的一天，我丈夫要设宴款待附近的16位长者。我们快搬走的时候，那些老人全都来向我丈夫祝贺乔迁之喜，手里还拿着红色的帖子。他们坐了正好两桌，每桌八个人。另外一桌是我丈夫和他请来的六位重庆客人，他们与经纪人把第三桌坐满了。酒菜和器皿都是从重庆定的，每桌4000多文钱，今天一大早就送来了。我们的房间太小，只能在屋里摆下一桌酒菜，剩下的两桌便放在院子里。可外面太热了，我们便派人去城里拿凉棚，准备搭在核桃树下。客人上午11点钟就纷纷赶来，凉棚却直到下午1点也没取回来。

最先到达的客人，穿着一身白色丝绸衣袍，腰里还系着根丝带——他是钱庄老板。开始吃饭了，他脱掉外衣，里面是件黑色短褂，腰里系着的是根灰色丝带。那位经纪人，穿的是件灰色的绢质袍子。我丈夫穿的是白色粗布袍子，一位作家朋友和他穿的一样。那些长者朋友们大部分是短衣裤，只有一两个穿来了崭新的长衫，不过，他们的裤子都显得很笔挺。这是些令人尊敬的长者，他们见屋里凉快，便坚持坐到外面吃，把屋里的位置让给城里客人，嘴里还一个劲儿说自己是乡下人，不习惯在屋里吃。城里的客人请我和他们一起吃饭，但我拒绝了。因为，很多中国人热天都会把上衣脱掉，赤膊吃饭。幸亏今天还没热到那个程度，没人脱衣服。

宴会在下午两点多终于开始了，我就在卧室里面吃饭，他们让人把饭菜送了进来。饭后，我为大家拍了两张照片，那些长者为能有这样的纪念而感到非常开心。直到离开的时候，他们还都有些意犹未尽的感觉。城里的客人在下午4点45分一起告辞，离开了。送走他们，我们到山上看我们的房基地，竟然又碰到昨天那个年轻人。我丈夫邀请他来我们这儿喝茶，在交谈过程中了解到，他只上过一年学，还是在17岁时，此时的他看起来应该是个24岁的已婚人士。之后，我们又被邀请去他家做客。他家只有两口人——他和母亲。他的母亲是位退休官员的遗孀。

宴会结束之后，苦力们马上开始吃桌上的剩菜剩饭。房东家的妇女们也在被邀请之列，此时正围成一圈吃着饭菜，一副心满意足的样子。所有人都吃完之后，一个苦力殷勤地告诉我，坛子里的酒全被喝光了。我相信是真的，可又不能不继续听他说，因为他的语气实在很能打动人。宴会开始之前，我们在大树上挂了很多长长的红色鞭炮，还有穿成了串的红艳艳的圈鞭。我们自己准备的鞭炮已经够多了，钱庄老板又送了很多做礼物，便全都挂上了。可惜的是，很快就都随风飘散了。

按照中国的传统，客人雇佣轿夫的费用得由我们承担，每人100文（合3便士）。客人也给我的用人钱了，具体多少我不清楚。那些受人敬重的客人，也包括我们的房东。桌子、凳子不够，一位长者特意把自己家的带来借给我们。夜幕降临的时候，我们趁着月色下国际象棋。它与中国象棋的规则有很大区别，村里人都没有见过，觉得很新奇。夜深了，我丈夫就睡在院里支起的一张行军床上，树上还挂了蚊帐。

今天孩子们送来了很多龙爪兰，起初我还以为是"龙舟"（"舟"和"爪"的读音我有些分不清）。这是一种像动物爪子一样的花，花萼、花冠和花茎都是鲜艳的红色。今天是中国的夏至（编者按：此处应是大暑），这意味着夏天最热的时候到了。可是，实际的气温却只有华氏81度，最低78度，时不时还有小凉风吹过。

7月23日

我们牵着马，在山上的林荫道里一路向南溜达。山路很陡峭，尽管修着小石阶，还是很难走。可我丈夫坚持走这里，还打算去参观一个路边的小旅馆。远远看去，那个小旅馆的确很吸引人。大门口两侧有两棵高大葱郁的榕树，对面则是苍翠的山坡。遗憾的是，旅馆周围显得很荒凉，就没必要再将它推荐给重庆的人了。走进旅馆里，客房本是两间大房子，被中间打通成了一间，变得格外宽敞明亮。里面只有一张铺着草席的床，别的什么都没有。尽管房间漆黑一片，院子似乎也很久没打扫过，但是同我们遇到的其他中国旅馆比起来，已经好多了。不过，估计谁也不愿意离开家睡在这里，一晚都不乐意。所以，我们就又回去睡在核桃树下了。

7月24日

我先生早上6点就起床去办公室了，随后我也穿衣起来，出去散步半小时。我爬上不远处那座2500英尺左右的高山（本地最高峰），那里有个山寨。寨子的工事将两座山峰连接在了一起，从寨门那里我正好观赏到了日出。这里一整天的气温都能保持在华氏80至86度之间，空气清新，风光秀美，居然有人还在抱怨这个夏天不好，真是不可思议。

回来后，一些妇女来家里做客。她们从我卧室门口经过的时候，竟然肆无忌惮地往里看，简直拿这里当自己家了，让我心里很不舒服。傍晚坐着轿子上山去，在晚风的轻轻吹拂下，心里才慢慢痛快些。天黑的时候，远处雷声滚滚，大概是要下雨了。我一个人在家，院子里没有任何能够挡雨的东西，所以毫无睡意。厨师倒是毫不介意，习惯性地早早支起行军床，挂好蚊帐，在核桃树下睡了起来。本来就睡不着，旁边还有三只狗，见到人就会叫，我心里更害怕了，可又不好意思说自己不敢一个人睡。

我进院子的时候，那个参过军的苦力已经在椅子上仰面大睡了，椅子就放在我的床边。我问道："你怎么在这里？"

"睡觉啊，我每天都在这核桃树下把椅子当床睡的！"他答道。

"这椅子以前不在这里吧？"我又问。

谁知，他居然毫不知耻地说："今天蚊子太厉害！"

我生气了："即使这样也不能紧挨着我的床啊？搬走，有多远走多远！"

他按我说的把椅子搬走了，可脸上一点抱歉的意思都没有。

现在已经晚上十点多了，女房东正在咯吱咯吱地铡猪草。听着这咯吱声，我心想，他们每天差不多都是凌晨4点起床，估计女房东快休息了，到时候我就可以安稳入睡了。可是，铡刀依然在咯吱咯吱地响个不停。于是我又想，如此良夜不能虚度，我就坐在蚊帐里，裹着毯子，看着她铡猪草，把这当作享受吧！

夜风习习，清晨来临的时候我才发现，蚊帐都被吹开了。一个男人拿着火把走过，惊醒了院里的狗，三只狗不停地大叫。过了一会儿，农民们纷纷点灯起床了，门口传来洗漱的声音。晨风吹拂，树上的核桃被摇落了。真担心核桃会砸到我的眼睛，想进屋睡，又担心被人笑胆小。我就这样吹着清凉的晨风，犹豫不决地又躺了两个小时。结果，什么事也没有。

7月25日

今天我丈夫出门很晚。他说，在100英里之外的汉口，两个瑞典传教士被杀死了。据说出事之前就已经有人发出警告，请当地传教士按照规定期限离开，不然便会遭遇不测。而当地的官员说他们没法管恐吓者，只能让传教士暂时在衙门里避避风头。传教士们根本没把这个放在心上，觉得是吓唬人的。结果，那些暴民把传教士从家里赶出来，杀死了。到底为什么杀死传教士，我们不得而知，只知道这个案件在汉口轰动得很。

7月26日

昨天夜里和今天一早都挺凉快的。厨师和一个苦力都不能干活了，厨师说自己病了，苦力则躺在床上起不来。自从6月2日我们搬到这里，一直没有欧洲人来做客，今天终于来了一个。此人是苏格兰人，在圣经会里做事。我们一起骑马去散步，说话很少，因为我总是找不到话题，只好沉默。后来我们在山上碰到了姓袁的那个年轻人，他正与他的堂兄一起。我邀请他们到家里来做客，结果让我后悔莫及。他们居然像小孩子似的，趁我不注意，敞开肚皮吃光了我所有的点心。

7月27日

厨师还在病着，没有好转的迹象。遥远的天边电光闪闪，不时传来沉闷的雷声，不知哪里又下雨了。我们决定去附近山顶的寨子里，那里能看清远近大小的山峰，欣赏闪电效果最好。我看了一下，南边大概有七座山，其中一座挨着金佛山的，听说有9000英尺高。西边有三座山，在阳光的映照下，云彩被镶上了银边，山下的荷塘也反射着银色的光芒，墨绿色的荷叶在水中挺立着。

我们那只小黑狗病了，瘦得只剩一层皮，真是可怜。我们不知道它到底生了什么病，只好按照中国人的方法，用药水给它洗澡。今天给它洗澡的时候，发现它身上长满虱子。我和那个当过兵的苦力不停地为它清理着，花费了好几个小时才弄干净。我每天与它待在一起，却从没好好观察过它。此时我才发现，它没有一只完整的脚，每个爪子上都缺了三四个趾头，即使病好了也会是个瘸子。

7月28日

今天他很早就出去了。我起床的时候是七点钟，当时的气温是华氏79度，感觉有些凉。我打算趁没吃饭的时候去散散步，结果被潮湿的空气弄得浑身湿漉漉的。回来赶紧将身体擦干，换了身衣服。天空一直阴沉沉的，重庆那边的乌云又在慢慢地向这边转移。天气又闷又热，山泉汇聚而成的小水潭里，挤满了绿色的小青蛙；燕子也屋里屋外不停地飞着，大概连它们都觉得憋闷吧？

下午1点我出发去重庆，一路上欣赏着路边野地里种的那些向日葵、稻谷、玉米、谷子、大豆、芋头，还有荷花。它们全都很没精神，向日葵的叶子懒洋洋地耷拉着，芋头和荷花在淤泥里也是蔫头耷脑的，有的荷花已经连藕一起被挖走了。由于江水暴涨，船不大容易找到。这次我一点也不觉得意外，继续沿着江边向前走。我们遇到了一艘大船，可船主不愿意让我们搭乘。最后，他收下我们 180 文钱，每个苦力 8 文钱，这才答应送我们过江。这价钱比平时足足高出了十倍。

大船开出十分钟之后，水流变得湍急起来，纤夫们害怕被船拖进江里，全都扔下了手里的纤绳。厨师劝我还是回去吧，可他越劝我，我倒越想赶紧去重庆。在我的坚持之下，我们终于在差五分两点的时候到达江对岸。这倒要感谢厨师了，如果他不劝我回去，我怎么能这么坚决地过江呢？当时紧跟着我们过江的另一艘船，和我们的船大小一样。可它的纤绳松开之后就没那么幸运，船翻了，八个乘客中有三个淹死了。

我丈夫早早就派人来通知我别去重庆，江水涨得很厉害，坐船太危险。可送信的人也被江水困住，并未及时送达，所以我才来到重庆。坐船的时候，感觉非常冷，人们说这是因为江里流淌的是西藏雪山的融水，跟上次不同，那回是云南大雨的缘故。

7月29日

头顶上雷声大作，我和丈夫则坐在屋顶晒台等着看闪电。谁知，雷电交加半天，一滴雨也没下成，倒是让我丈夫看到了奇怪的一幕——旁边染坊的一个工人，正在自己家的晒台上朝着打雷的方向磕头。晚餐时间到了，我们就弄了些半熟的葡萄和糖拌碎藕在门口吃起来，最后还喝了些汤，是用鸡、黄瓜和白菜炖的鲜汤。尽管鸡汤和藕一起让人觉得很怪异,可吃起来倒还不错。

7月31日

我昨天就想回去了,却无法成行 —— 江水水位本来就高,又不停地下雨,用人们还病得不轻。今天我打算回去,只带厨师和苦力两个人。谁知苦力因为生病的缘故,找了个人代替他 —— 原来中国人的抵抗力还不如我们,这闷热的天气同样让他们受不了。再次过江的时候,水位还是居高不下,只是流速已经减缓很多。过江后,再过小河的时候,发现石桥都被淹没了。记得以前石桥出水很高,现在只能看到露在水面的石头扶手。回到住处,我们的心情都很好。下午骑马出去玩的时候,我又看到了荷花,荷塘已经被它们挤满了,只是这些荷花的花瓣比日本荷花的小了一半左右。

8月5日

这几天乌云总是笼罩着田野,可我根本没时间欣赏,一直在招待客人。昨天那场暴雨太大了,我们住的房子差点被冲毁,当时我甚至觉得重庆都要随着洪水漂走了。不过,暴雨过后,气温从华氏85度降到了77度,凉爽很多,泉水也到处汩汩地流淌着。由于气候太潮湿,我丈夫回来就喊腰疼,这种毛病在这里太常见了。为了他,我们出去散步都没敢走太远,只是找个风景不错的地方坐下来欣赏一番。我们遇到一个小男孩,就跟他借东西当垫子坐。这个小孩在卖鸡蛋,办事周全又会说话,不仅借东西给我们,还请我们帮忙把他的六个鸡蛋都买了。跟着去的苦力告诉他,我们每次都要买十个鸡蛋。我很喜欢这个小男孩,不仅买下了这六个鸡蛋,还送了他两块英式小蛋糕。他高兴得像变了个人。

暴雨将沙核桃打落了,一个孩子兴奋地送来四个,谁能想到,昨天夜里他还在痛苦地呻吟呢？这个孩子腿上有种顽固的皮肤病，膝盖以下最为严重，他夜里的叫声让我一夜没睡好。

从上午十点开始下的雷阵雨，直到下午四点才停。尽管刚下过雨，天气还是闷得很。两个用人请假去庙会上拜神，而我们决定去那片杉树林里散散步。

昨天黄昏时分，我看到一个男子挑着大米去赶庙会。村里也有12个人去庙会了，回来后都来到场院里说笑。一个清秀的妇女还向我这边走来，跟我说话。可是，后来我很生气，因为她居然在我回卧室换衣服时，跑到窗口偷看。这实在难以容忍，我用力拉上了窗帘。

夜幕降临，星光闪闪，仙女座和大熊座清晰可辨。估计四川的云雾会嫉妒星光或日光吧？因为它们一般都会在夜晚弥漫开来，让你根本看不到星光。

8月6日

今天只有华氏74度，一早就有种秋意袭人的感觉。实际上，7月3日气温曾经降到这么低过，只是时间很短，两天而已。之后就持续高温，直到今天。6月21日，重庆曾经降到华氏74度，因为那天有雨。今天就不一样了，秋高气爽，凉风习习，天空是蔚蓝色的，上面飘着几丝雪白的流云。我想：这种日子必须出去走走。于是，还没吃早饭，我就跑到山后去了。站在那里，呼吸着新鲜的空气，感受着凉爽的小风，欣赏着远处清晰可辨的金佛山（这里离金佛山得有四五天的路程）。此时金佛山背后有两片浮动的白云，估计到了晚上，山峰就会被它们挡住了。

烤玉米早就没有了，农民们正在剥玉米棒子，可以用来做喷香的饽饽——一种用玉米面做的饼子，我们曾经在去西藏的路上品尝过。百日红粉色的花朵已经凋零，我桌上只摆放着白色的木槿花。村里学堂的先生总是来我这里，每次都带着一个年轻人，起初我以为他是先生的助教，后来他自己说这个山寨是属于他们家的。150年前，他的祖先用两万多两白银盖起了这座寨子，现在他想卖掉它，价钱是8万两。一年下来，光山寨和周围的稻田，就有600两收入。寨子里大约住了100人，他家在寨子后面。他说自己家非常大，还有个美丽的花园。他邀请我们去那里做客，我们高兴地答应了。

这种晴朗的天气非常适合晒种子，阳光下摆放着一筐筐还没剥开的玉米棒子。一些红白相间的花生也被人摊在地上，翻来翻去，准备晒干后收到筐里去。

傍晚时分，我们又上山了。这里的景色还是这么美，林中飞来一群投宿的大鸟，像是野鸡，苦力却说大概是坚鸟，吃不得；空中也盘旋着很多鸟，在夕阳下不停地飞翔，那情景很是动人。

8月7日

今天我去重庆了。之前我们住的农家，早上才华氏72度。重庆竟然是92度，简直热得让人难以忍受。先去城里看了看信件和报纸，结果令人很失望。我们很久以前寄出的一封信，到现在也没有回信，连报纸也没有。如果一切顺利应该是5天送一次信的，上次收到回信已经是四周之前了。账房管事的妻子和经纪人的妻子说，准备在天主教会馆款待我一番，请账房管事转达我。可是，我得回自己的住处，就婉言谢绝了。那些苦力懒惰而又狡猾，他们不想回去，就找人替他们送我回去了。路上，我看到了一片种着生姜的田地，地里的姜苗长得很像甘蔗，栽种得非常整齐，隔上两行就有一道5英寸宽的沟。田野里飘荡着一股生姜味，可摘下叶子，却一点姜味也闻不到。苦力说成熟的生姜要长到两英尺高，这片地里的只有一英尺高，显然是新种的。天黑了我们才回家，路上有几只萤火虫飞来飞去。

8月8日

今天去袁家只见到了年轻人的曾祖母，他家其他人都去重庆了，只剩这位老人看家。她已经77岁，说话却非常清楚，眼睛和耳朵也都很好使。她说自己腿脚有些不灵活，所以不能陪我们去花园。上次来的时候，山茶树上一片绚烂，现在花都没有了，只有那些颜色各异的树叶留在那里。远远地就看到一大片红得像火一样的叶子，近了才看清，原来是百日红。依然在园中绽放的，还有一株栀子花和一种很常见的珊瑚色的花。它们不仅名字好听，花也好看。

我们的苦力对一口棺木很感兴趣，据说，那是为老妇人准备的。我丈夫说，按照中国的习俗，等会儿我要对老妇人说我看到她的棺木了，并且要夸奖一番做工才行。我并没有像他说的那样做。这位老妇人衣着朴素，如同一个穷苦的农村妇人，可她一言一行都显得很符合身份，很庄重。我今天是穿着中式服装来的，这里的仆人不住地看我，并不断地夸奖我穿着好看；可我穿欧式服装来的时候，他们并没有这么仔细打量过我。可以看出，这些中国妇女很欣赏我穿的中式服装。

这座房子的墙上，挂着一幅水彩肖像画，上面是个身穿官服的人——据说是这家人的祖先。画中人物的面部很有立体感，给人一种浮雕的感觉，而不是水彩。

打谷场上晾满了花生，颗粒饱满的玉米棒子则像干草似的堆在一边，等着人们来剥皮。房东的生意主要是零售煤，他从煤矿买到煤，再到重庆卖。今天他就是去附近最大的一家煤场谈生意了。由于房东的女人聪明能干，孩子和农田基本上不用他操心，所以他才能有精力做做煤炭生意。

那个有皮肤病的孩子没有去医院治病，女主人说他太淘气，也担心他在医院会吃不上饭。她总觉得医院不会那么慈善，居然会给孩子饭吃，即使真的提供饭食，她也觉得人家居心叵测。她倒也没有猜错，医院的图谋的确存在，那就是让病人相信上帝的存在。这样的改变对于这个满足于现实的女人来说，绝对难以接受。由于得不到医治，小孩子很难安静入睡，几乎整晚都在痛苦地呻吟着。他妈妈说，等天气凉快些就会好的。果然，如今孩子的病有了好转，夜里能睡得踏实些了。

8月15日

我的日记里曾记下这样一件事：可怜的小狗病了。现在这条小狗整晚叫个不停，吵得人睡不着。8月9日我将它装在一个篮子里，扔进了一个大筐。当晚，我开始关着前门睡觉。夜里下起了雨，一直没停，天气越来越凉。到了第二天晚上，雨没停，天倒开始闷热起来，我只好又开着门睡。早上起床时我丈夫说："怎么睡了一晚还是困，跟刚上床似的？这里实在睡不好觉。"

我并没注意他说什么，只是在看我的衣服：记得昨天我把它们叠得整整齐齐地放在旅行箱上，现在却在地上胡乱地扔着，箱子里的东西和柜子里的衣服也都扔在一边。窗台上的刷子一向放在里面的，现在却跑到了窗台外面。烛台上的蜡烛短了很多，也被放在了窗台上。床那边的地板上，散落着我的墨镜和腰带……我怀疑自己是在做梦。

来到客厅，这里的灯也被人使用过，灯罩还被拿下来放到了一边。我们仔细找过之后，确定我的手表不见了，应该是小偷来过。同时被偷的，还有我们的眼镜、我丈夫的指南针、他所有的中式服装和我的很多欧式服装，另外，我们一直带在身边的勺子、叉子、床单和桌布，也都不翼而飞了。过了一会儿，一个苦力从外面抱回了我的衣服和湿透的毛巾、餐巾，他说是在玉米堆边上看到的。中国人的衣服都是整块布做的，而这件衣服是用一块块布料拼接而成的，不是中国人喜欢的样式。

我那小狗也很反常。以往它只对用人友好些，见了女房东都要叫的，要是夜里来人，肯定会从筐里跳出来，今天却只是在里面老实地躺着。我心里琢磨，肯定是有人给它吃了什么药，所以才睡得这么沉。房东去报了案，此时从外面涌进来一群维护治安的人。他们左看右看，不时议论着什么。不久，衙门派来一个了解案情的官差，他只是坐了坐，什么都没干就走了。又过了几个小时，三顶从衙门来的轿子到了，后面跟着浩浩荡荡的随从队伍。令人难以理解的是，他们给人的感觉好像什么都没有发生，看起来非常冷静。他们面无表情地要了一份失物清单，又做了细致的笔录，最后告诉我们会去搜查当铺的。村里人没有一个出来为自己辩解的，一点都不关心自己会不会成为嫌疑犯。

雨一直下到昨天才停，马棚里的小马关得太久，一出门就兴奋极了，不停地在路上撒着欢儿跑。山顶上有些农家孩子在采山楂，一边采一边往嘴里放，吃得很高兴，还大方地跑来送我山楂吃。我觉得这些小山楂一点也不好吃，什么味道都没有。我想让马遛遛弯，就让管马的老人牵着它去山下等着，自己则站在山上欣赏风景。此时夕阳西下，无边的旷野，风景如画。这匹小马已经长到 4 英尺 4 英寸高，身材匀称，非常活泼、淘气，它以为该回家了，想立刻从原路回去，猛地挣脱了老人手里的缰绳，在陡峭的山路上飞奔起来。很快它就跌倒了，不过，幸亏身体没事，只是摔坏了马鞍，我们又有备用的，所以不必担心。

去年旅行了好几个月，我从没用过大的穿衣镜，有面小镜子一直陪伴着我，谁知现在它也丢了，这让我火气很大。另外，皮带扣子也被小偷拧掉了。我丈夫说，那些中国贼大概烧了迷魂香什么的，否则我们怎么会睡得那么沉？两个箱子、一个柜子、一个抽屉以及一个盒子，这么多东西都被翻遍，而我们没醒，不是很奇怪吗？大概担心关盒子会发出声音，那些贼把我的一只拖鞋插在了里面。房东家也被偷了，可奇怪的是，只是丢了两个烛台和两顶草帽，东西却没有翻乱。由于下雨，房东家的狗当晚是关着的，平时则放在院子里；而我们的另一只狗也因为这个缘故，被关在了后面的厨房。

早餐之前，我在外面骑了很长时间的马，想用这个方法忘掉被盗的事。大概又要有暴风雨了，空气沉闷得很，站在山顶都感觉不到一丝风。房东一家子正在房子旁边的地里，忙着拔玉米秆。田地里挂着一排排红彤彤的辣椒，水田里的芋头也到了收获的时候。

8 月 16 日

今天我采了朵向日葵放在卧室里，这种花在田野里随处可见，空气中弥漫着葵花淡淡的香气。昨天那么闷热的天气，坐在屋里都能闻到附近那三潭死水散发的淤泥味儿。这里的土地贫瘠，岩石比较多，所以那些淤泥是田里的主要肥料。核桃被雨水打落很多。由于天气实在太憋闷，昨天我又睡在了打谷场。夜里与我做伴的，有无数疯狗的狂叫声、警笛似的蝉鸣声，还有远处闪电的余光。

我觉得自己一开始就该记得详细些，把孩子没有挨打的日子和天没有打雷下雨的日子都记下来。可细细一想，这种日子几乎没有。不知道女房东今天是用什么工具打人的，那个小男孩不停地喊叫着，我真想过去看一看。记得上次，女主人用个粗大的柴火棒追着打，那孩子不停地胡乱跑着。今天不同，她拿了根小木棒，打在身上的声音令人觉得恐怖。还好，小男孩的父亲及时出现，给他求了情。

我那小马驹似乎体会到了自由的乐趣，昨天又差点从马夫手里跑掉，大概想再次自由奔跑一回吧？今天早上我出去遛弯，又带上了它。最有趣的事情，莫过于看小马驹打滚儿撒欢了，当然得把马鞍子卸了。欧洲来的小马像孩子似的，不喜欢受约束，而我们的这匹小马看着更像小婴儿。不过，一到晚上它就换了另一副样子——严肃认真，看起来很成熟。别看它小，干起活儿来一点不逊色，即使驮着东西，一天走 30 英里也毫不费力。

村里的大人和孩子大概把玉米秸秆当成甘蔗了，都在津津有味地嚼着。村里还有葡萄架，上面的叶子绿得像是刷了层清漆。他们说葡萄每年都会长得密密实实的，如果等它们成熟不知道要多久，所以总是早早就摘下来了。看着他们吃得美滋滋的样子，我怀疑他们有没有见过成熟的葡萄。他们让我也品尝一番这没成熟的葡萄，我的脸上大概写满了惊异，他们看了哈哈大笑。

8 月 17 日

大家都去动手剥玉米了。还记得去年在丰都看到的情形：农民们把玉米棒子挂到墙上晾晒，每个人家的墙上都是一片金灿灿的玉米，好看极了。

今天，我终于知道农民为什么种木槿了。原来，这种花可以被做成一种清凉可口的饮料，有消暑的作用。做法很简单，只需去除花萼，取出雄蕊就行了。

今天早晨的气温是华氏 82 度，达到了近期的最高温。不过，由于有风，倒是没有闷热的感觉。晚上，我们照例睡在院子里。现在不用担心核桃砸人了，因为整个夏天我只被砸中过一次，还是打在胳膊上，什么事都没有。农民们只吃从树上掉下来的核桃，从来不主动将核桃弄下来。我也从树下捡起三个核桃，带给没吃过新鲜核桃的城里朋友。

房东那个嫁出去的女儿在为我丈夫编织衣服，那是一种草衣，不仅穿着合身，还漂亮得很。我请她给我编个装睡衣的小包。她说一个包得用上一个月时间，我得付她 1000 文钱（合 3 先令）。我的确曾经给了一个裁缝 1000 文钱的工钱，大概她看到过，所以这么信口胡要价钱。我一个朋友编过这样的包，只花了 400 文钱。当然，我这个包大概比别人的费事些，所以给了她 600 文钱。

8 月 19 日

今天终于喝到了木槿汤，是我们的厨师做的，味道很好。由于天气太热，账房的头儿派人来告诉我丈夫说，天太热，做生意的肯定少，过一星期再去上班。这样的季节，那些乡下的仆人都脱光了上衣干活，于是我们眼前晃动的全是白白的半个身体。不过，与我们同行的那个欧洲小伙子并没有脱。

昨天黄昏时分，我们散步回来，房东一家正在款待袁家的两个年轻人，桌上摆着中国白酒。这两个人送给我一些花生，并说想看看我先生的打字机。还邀请我们再次去他们家做客，说上次他们去重庆了，没有招待成。于是，下午五点多，我们开始往袁家走。之前为了等我先生穿上长袍，在门外等了好一会儿；后来为了让仆人们把衣服穿上，又在路上停了半天。

　　一进门就看到很多纸糊的马、轿子和仆人，堂屋墙上挂着他家祖先的画像，一个道士正在念诵经文。我们这才知道，今天是他那位83岁去世的祖父的生日。袁家老五，也就是我们最先认识的那个年轻人，正在外面骑马，出来接待我们的是另一个年轻人。过了一会儿，进来一群衣着简朴的妇女。她们见到我们并没有鞠躬，但是也没有请我们入座。我以为她们都是袁家的用人，因为她们的罩衫和裤子料子都很普通，做工也不怎么讲究。

　　这时，跟我丈夫谈着话的那个年轻人走过来，开始介绍。原来，刚才那些妇人当中居然有他的母亲，而且第一次来袁家似乎就是她接待的我们。不仅如此，老五的母亲、妻子、妹妹都在其中。这些女人提议，让老五的母亲带着我和丈夫到处看看。这位母亲高挑秀气，容貌美丽，脸上流露着温和与诚实，跟他高大壮实的儿子比起来，简直差别太大了。转了一圈之后，我们征得她的同意，打算去她的卧室看看。老五的母亲请我们喝茶、吃发糕，其他妇女也都跟了进来。

　　这些妇女打量人的时候，很像那些贫穷的农家女，不仅上上下下哪里都仔细端详，还要掀开我的裙子一探究竟。就在我和老五的母亲聊天的时候，老五的妹妹居然招呼都不打，就悄悄用手去摸我背后的衣服褶边。我费了半天力气，才弄明白老五的母亲跟我说的话。她说自己每天上午10点起床，然后抽鸦片或者是"耍"，等到晚上10点就上床睡觉。她还说自己没有读过书，什么活儿也不会做，连饭都做不了。并说，她的两个女儿也没有读过书。我无法弄清她说的是否属实。

我们出去的时候，老五恰好也刚回来。一个小伙子正搀扶着他往花园走，原来他从马背上摔下来了。那群小脚女人也跌跌撞撞地跟在后面，直到看到那口棺材才停下来。刚才那老妇人也出来见我们了，却没有说什么。此时这群妇女笑着说，棺材的主人就是老妇人。其中一个妇人还用自己的身体做示范，让我们明白老妇人将来就是那样躺在里面的。屋里有十多个装满纸钱的盒子，准备让道士烧给去世的祖父，据说只要烧掉，去世的人就会在阴间收到。

回到屋里时，几个写字漂亮的人正在写信给去世的亲人。小伙子们热情地邀请我们去看一棵百日红，还告诉我们，只要在树干上划一下，树叶就会自己动起来的。风一吹，树叶肯定会动，可划一下树干就动，难道会是真的吗？或许只是个传说罢了。老五太活跃，见树上有几朵粉红的花，竟然要去给我摘下来。过了一会儿，他居然和我们的一个苦力，把我和椅子一块儿抬起来，走出去有100码的距离。当时我怀里还抱着小狗杰克呢。后来，这两个小伙子终于把我放下，转身又跑去看我丈夫骑马了。

晚上回到家，我们一起坐在月光下乘凉。后来天色越来越暗，凉气袭来，我们就回屋睡觉了。还没等我睡着，外面刮起了大风。早上，大雨终于来了，屋里出现了漏雨的地方。

8 月 22 日

今天星期天，下了一天的雨。黄昏时分，我们进城去了。一路上，我们看到有在田里收辣椒的农民。江边堆有纸灰，据说是给淹死的鬼魂烧的。江水水位居高不下，人家都不愿意送我们过江，找了半天终于找到一个答应送我们的，只是得给他 300 文钱。平时坐船，一个人才 60 文钱，两个人 120 文钱，而苦力每个人只要 8 文钱。我们那厨师价钱都没讲，就同意给他 300 文钱了。谁知，过江之后，厨师只给了那个人 120 文钱。最后还了半天价钱，厨子以 160 文钱打发了船家。

我们问厨师为什么这样，他说："这也是没有办法的事。假如直接给他 160 文钱，他肯定不答应。假如我们不答应给他 300 文钱，他又怎么会送我们过江呢？可现在呢，他不是也很快活？尽管只拿了 160 文钱。"我们明白，的确是这样的。

昨天去买东西时，我们被街上飘着的辣椒味儿呛得很难受。下午去教友会，差不多见到了当地所有的传教士。城门外的坟场上，燃烧着一小堆一小堆的纸钱，浓烟滚滚，熏得我简直喘不过气来。直到回来的时候，天色都暗了，烟熏的气味还没有散尽。江边与城门之间，有很多的坟地，正在燃烧的纸钱几乎到处都是。夜色朦胧，这情景倒也很是悲壮。当然，我看到的只是一小部分，城外肯定有更多的地方在烧纸钱。

今天早上回到住处，洁净的空气令人振作起精神来。城里的空气简直令人晕眩，哪里都是烟雾腾腾，几乎呼吸不到氧气了。

8 月 26 日

女主人昨天拿出来很多纸钱，她的大儿子这几天则在展示自己最好的书法 —— 给去世的亲属写信。这些亲属，包括他的祖父、叔叔在内共 11 个人。他有个名单，所以能精准地算好每位亲属应得的纸钱。桌上放着酒，还有小男孩儿们送来的筷子，房东便围着桌子的三个边摊开纸钱。桌前的香炉里已经点上了香，正在燃烧着。房东来到供桌前面，对着祖先的牌位恭敬地磕了三个头，之后在桌前烧了纸，还往地上泼了两杯酒。做这一切时，他的表情极为凝重。之后，人们将酒菜撤下去，吃掉了。

到了晚上，房东一家人开始烧那些写给去世亲人的信，火光绚烂极了。房东邀请我们与他们一起吃饭，可是我先生很晚都没回来，而我也有客人来访，所以婉言谢绝了。昨天，一个传教士为了锻炼身体、呼吸新鲜空气，专门来拜访我们。我陪着他上山，从上午九点一直溜达到下午一点。恰好这时候袁家请我们去吃饭，而用人说我先生还在重庆，所以我谢绝了。

昨天是 8 月 25 日，天气晴朗，和风习习，特别适合外出散步。身边不时有蜻蜓飞来飞去，它们的色彩比初夏时要丰富明丽得多。蝈蝈也很多，我最喜欢一种红脑袋的蝈蝈，它的背上还有琥珀色的花纹。

几个晚上的夜战终于结束，房东家的玉米剥完了。

9 月 3 日

上个星期二，8 月 29 日，大概是今年最热的一天。重庆一间病房的温度居高不下，连续 12 个小时始终保持在 70 至 100 华氏度之间。农村虽给人一种更热的感觉，实际上温度却一直在 87 华氏度左右，而且吃过午饭天气就开始有凉意了。那天风很大，走路都很费劲。到了第二天，温度就降下来了。我回到重庆时，气温已经下降到华氏 72 度，即使穿上厚衣服也觉得有些凉。

茶树开花了，人们开始高高兴兴地收割水稻。为了避免被大风刮走水稻粒，每块农田都拉起了挡风的屏障。人们在屏障后面打下稻谷，然后装起来运走。

昨天，女房东穿着新衣服来我们这里，求我们救救她。原来，就在盗窃案件发生之前，给她织布的男人失踪了。如今，衙门里的官员一再要求她说出那个人去哪里了。可她一点也不了解那个人，哪里说得出他的下落？实际上，我们也一直在怀疑那个织布的男人，所以并没有答应帮助她。

我们这些在华的外国人及我们的直系亲属，被偷或抢之后，当地政府有义务一查到底，找到我们丢失的物品；如果找不到，他们会照价赔偿我们的。

昨天我买了些印着蓝白图案的床单，用来做桌布。另外还买了些枕套，准备做椅子垫。为了印花，工人先要制作模板，将花或者图案刻在上面印到布上，最后在图案上刷石灰后染色。等到布干了，把石灰刮下去就可以了。这种工序做出来的花布，会越洗越漂亮的。我花了一块银圆才买到这块桌布，尽管卖的人要的价钱比这个还要高，可我觉得已经不便宜了。我们还看了看绢，有些是没有染过的素绢。那些染上美丽图案的绢很吸引人，一共有 10 块，每块有 60 英尺 3 英寸长，我真想把它们全都买下来。城里可以享受讨价还价的乐趣，而乡下可以享受到令人精气神十足的、凉爽的风，这一点是城市永远都比不了的。

9 月 5 日

昨天，两个裁缝来为我做晨衣。我要求里面加上丝絮，衣服边絮些棉花，好让它平整点。他们说，这件衣服得花 8 天时间才能做好，所以得带回去做才行。可如果这样，他们完全可以将丝絮换成棉絮，我又监督不了。不过，领头的裁缝是个教徒，应该不会当着上帝的面欺骗我吧？他是云南人，脸上一副不露声色的样子。我感觉他是伊斯兰教的教徒，他自己却说不是。

早上出去散步的时候，看到水稻田里一片金黄色的稻茬，玉米也都被砍光了。远望去，这片田野如同荒废的花园，只有稀稀疏疏的几棵向日葵在田边挺立着。地里已经种下了萝卜和大豆，不过，现在还没有发芽。

9月7日

昨天骑着马在山上溜达了很久。经过低矮的栎树丛时，小马一遇到看似危险的地段就会停住，看我的反应，假如我不下马，它会继续轻松前进。它只来过两次，可在我迷路的时候，它居然能将我带回到熟悉的路上。骑马的时候一直在下雨，时不时还刮来一阵风，帽子戴不住，只好摘了下来。我们刚回到家，雨就大起来了。到了晚上，变成了暴风雨。狂风吹得核桃不停地往下掉，孩子们忙不迭地捡着，快乐得像是蹦来蹦去的蚂蚱。

大风吹坏了我们的一块窗帘，又一下子刮断了核桃树的一根树枝。我把所有的门窗都关上，才能挡住这大风大雨。这么大的雨，客厅只有一处漏雨真是万幸。卧室漏得最严重，只能用来换衣服，没法住人了。

这里一下雨，山上就非常泥泞，欧洲的山好像不是这样。房东一家子一边在屋里跺着脚，一边青灰着脸抱怨太冷。孩子们的裤子都湿了，所以裤脚全都卷到了大腿上。不过，我倒没觉得很冷。我们弄了些干草铺在一个篮子里，让小狗杰克躺在里面，看起来它简直是只惬意的猫。我们也把马牵到了马棚里，让它暖和些。

9月11日

再次回到农舍时，天气晴朗得很，风和日丽，碧空如洗。一切都显得很美好。星期天一整天我们都消磨在了山上，直到晚上才去看望几位传教士。他们听说这里空气很好，也打算租房子住下来。他们租了一处大宅院，位置比我们的农家院子低150英尺左右。那所宅院比较豪华，还有个带围墙的大花园，这一点让传教士们非常满意。可我不大喜欢，花园倒是挡住了风，蚊子却被留在了房间里。我们去拜访的时候，传教士们都不在，接待我们的是房东一家。他们热情得很，完全把我们当成了他们自己的客人。

这家的女主人看起来很端庄，手上还戴着琥珀色的手镯。我们的房东与这家人认识，似乎租过他们家的土地。他现在正兴味浓厚地看教会的宣传册，并不时与同来的传教士交谈着什么。其中一个小册子上，印着为英国阳光牌肥皂做的广告，画面上是三个用脸盆洗脸的女子。我们的房东觉得，那是三个英国菩萨，正坐在莲花宝座上。对于当地官员到处搜查我们被盗物品的行为，这个有宗教倾向的男人很不满意，而今天遇到的这位女主人似乎也不大高兴。因为那些官差一来，就在一些人家里白吃白喝。为了招待他们，穷一点的人家已经开始变卖家里的衣服了。女主人和我们的房东，希望我们能从中调停一下，想想办法。

我猜想，中国人为了得到破案线索，采用的就是官差这种逼迫方式吧？

花园里开放着红色的百合、凤仙，还有一些五颜六色的茉莉，一派生机。我们的房东邀请我们去土地庙看看，并在那里吃饭，我丈夫跟他去了。回来的时候，房东很不高兴，说那个庙里的和尚太懒惰，一心指望别人的捐助。以后，他宁愿捐钱给公路、铁路和免费的渡船，也不会再给庙里捐了。原来，他去这一趟是有这个不与人说的目的。每年粮食收割完毕，他都得给和尚送香火钱的，这下子以后不用给了。这就是中国人，做事总把真正的目的隐藏起来。

今天有个女传教士一直陪着我，房东不停地向她提问题，就是来这里做什么、能挣到多少钱之类的。我丈夫对他说，这位女士来这里唯一的目的是爱，她爱这里每一个人，并愿意无偿帮助他们；她富有得很，根本不缺钱；并说，我丈夫曾经劝她别来，因为这里的人不喜欢她，更不需要她的帮助，还不如趁早回家。

房东说："怎么会不喜欢她呢？只有坏人才会不喜欢她，她帮助的穷人都会感激她的。"

女传教士告辞离去的时候，那个女主人送给她两个石榴，还有些核桃。

傍晚回来的时候，房东手里还攥着那个宗教宣传册，脸上写满困惑。由于视力有些问题，字又小，他看得很费劲。他送我一束红色的百合花，还问我上帝是什么，是不是与天主一样也代表着天与地。罗马教会在中国称上帝是天主，而中国人给他起的名字是上帝。或许中国人还称上帝是天帝，也或者天帝本来就是他们自己的神。在我所了解的汉语中，上帝和天主都是天地的创造者，意思是一样的。

房东听了我的解释，仿佛茅塞顿开似的。"对了，就是这样！"同时态度极为恭敬地指指天和地说，"佛和神是不同的。"之后，又骂了一通神像。我不知道他骂的是什么意思，思忖了一下说："佛像是木头的。"他立刻接口道："是木头和泥做的！"边说边急切地请我帮他念那本宣传册上的内容。我告诉他我也读不全，只有一部分会读。于是，他赶紧自己去琢磨了。其实，房东很像佛教名山峨眉山上的一个和尚。他对宗教感兴趣，却敌视佛教。

昨天黄昏时分，我坐在山顶上欣赏落日。天空在夕阳的渲染下变成了暖暖的橘黄，一切都被笼罩在这极光似的绚烂中，包括我自己。

今天，农家生活又发生了不愉快。我当时正坐在外面，沐浴在温暖的阳光中，呼吸着新鲜的空气，把山野生活中一切的美好尽收眼底。像每天一样，农民们坐在小凳子上，围着低矮的桌子吃早饭。孩子们手里抓着馒头，坐在门槛上吃。大家都在埋头吃着自己的饭。

早饭之后，村里的男人开始挑一种液态肥料，每两桶需花上四分之一银圆。但这种肥料同固态的肥料一样，对地里的收成非常重要。只是那气味实在令人受不了，于是，我回到了屋里。

听人说，城里已经死了上千头猪，是瘟疫导致的。于是，我们开始小心饭食，不再吃猪肉。也嘱咐仆人们了，可他们似乎一点也不在乎。官员下达命令，要把所有的奶牛都关起来。因为奶牛到墓地去吃草，把坟墓弄坏了。实际上，是坟墓占用的土地太多，奶牛没有地方吃草，这才去墓地的。不过，也许是那些奶制品商人在制造牛奶紧缺的假象，以便于他们提高牛奶价格。经常能听到奶牛被关起来的消息，牛奶却从来没有短缺过，每天都可以喝到。

如今，当地官员借口追查我们被偷走的财物，把这些农民弄得怨声载道。我不禁有些疑虑，他们这么做的企图是什么呢？会不会是想引起农民对我们的不满，从而不让我们在这里租地盖房呢？刚刚发生盗窃案的时候，一个传教士就曾这样怀疑过。他说，或许这场盗窃就是当地官员授意、谋划的，目的是找个借口，声称自己没能力保护生活在城市之外的外国人。假如事实的确如此，这个阴谋还真是费脑筋。如今，这起盗窃案成了我们和当地人之间敌意的开端。

去年租地的时候，官员就出来阻止。不仅不让当地人把租金退还给我们，还建议我们先租下农民的房子，说是让他们慢慢适应我们的存在。实际上，农民们一直对我们很热情、很友善，估计他们对那两个被杀的传教士也是同样的态度。如今，凡是与死者接触过的人，都不断被怀疑甚至无端指控。一些所谓的嫌疑犯几乎被折磨得家破人亡，可真正的凶手却至今未归案。我确信，杀手肯定是有人花钱派来的。每每想到这一点，我的情绪就很难平复。这些中国人太可怜了，在不明真相的情况下，无端受尽各种折磨，几乎已经不成样子；假如我也是死者的朋友，肯定也会遭受与他们一样的折磨。一想起来，我就觉得恐怖极了。

打谷场上晾晒着紫色的辣椒、金黄的玉米棒子。人们不断细心地翻晒那些玉米，好让它们干得彻底些。

9月13日

后山我们已经爬了无数次，最不好走的地方接近山顶，路非常滑。我们的一个苦力力气非常大，大家总是跟他开玩笑，叫他野蛮人。这次爬山我们就把他带上了，想让他在山顶附近挖些台阶，方便我们往上爬。刚到山顶，耳边就传来一阵铃铛声。我们连忙往山下看，原来是袁家的人。他们去家里没找到我们，正坐在桌子旁跟房东家的人聊天。下山的时候，我丈夫也回来了，他一个劲儿地夸赞袁家的新马鞍。据说，那个马鞍子值10两银子，我倒是觉得它放在小马驹身上显得有些太大了。

葡萄酒被厨师端出来了，我们开始尽情品尝这美味。事后才听厨师说，为了节省点酒，并更符合中国人的口味，他往酒里掺了一半水，还放了些糖。过了好几个月，那些喝过我们酒的人还在夸奖，说我们的酒是最好喝的，而且在他们喝过的外国酒中，我们的酒也是独一无二的。我们一共有五个杯子，我丈夫用一个，剩下的四个就是大家共用。袁家的年轻人知道照顾人，特意将自己的杯子给我用，我委婉地谢绝了。那个马夫更有意思，由于我们的椅子不够用，他只能和别人一起坐在长凳上。他没有酒杯喝酒，一个人好意将杯子递给他，可他喝了一口，就将杯子放到了房东家一个年轻人手里。也就是说，这样一来，每个人都喝到了酒。

不仅如此，我丈夫的雪茄烟，也成了他们轮流享用的美味。袁家的小伙子兴味浓厚地看了半天雪茄，却说自己不抽烟。跟他一起的那个小伙子是他弟弟，曾经让我丈夫教他英语。这位倒是不客气，接过雪茄就抽起来，之后又给了别人。最后，雪茄在人们当中转来转去，大家像吸中国烟袋似的，全都吸了几口。

房东家那个已经嫁人的女儿，为我编过一个草袋，上面有个"喜"字，我用它来装睡衣。最近听说她得了严重的角膜炎，几乎失明，我们都非常担心。

周二晚上，我们的传教士朋友带来些幻灯片，要在庙外面放。孩子们知道这个消息后，简直高兴坏了。

桌上放着几朵散发清幽香气的兰花，和几朵艳丽的红百合，很令人着迷。昨天有客人住下了。半夜时分，狗突然疯狂地叫起来，吵得人睡不着觉。后来才知道，当时有运送煤炭的人经过附近。今天，它们又开始狂叫，这次是冲着那散发臭气的死水潭。男孩子们在抢向日葵的花盘，用力抠出上面的瓜子往嘴里塞。

9 月 17 日

今天跑来一个大喊大叫的人。他站在我面前喊着，不断地做着手势，我的耳朵都要被他吵聋了。大概他觉得，不这样说话，我就听不到似的。不过，我只知道他说的是关于那个盗窃案的，别的我就听不懂了。跟他一起来的是个穿蓝色长衫的人，这个人表情很吓人，坐在那里一直不停地摇扇子。我拿出自己的小相机，想把他的样子拍下来，谁知他见到镜头立刻换了副正襟危坐的样子。这就没有意思了。女主人哭了，眼泪不住地往下落。她来求我帮忙，我才明白，原来是她儿子被当作这起盗窃案的嫌疑人给抓起来了。后来，她穿好衣服，跟那个蓝色长衫坐船去重庆了。

房东家那个被打回娘家的女儿，也带着小弟弟海清回了婆家。海清今天编了个辫子，头发都向后梳去，扎个红头绳，露出向日葵一样的脸庞。他就像一只小公鸡似的，挎着一个塞得满满的篮子走了。

他们刚走，我丈夫就回来了。我原来猜想女主人首先要去找的肯定是我丈夫，谁知他们竟没碰着，真不知道女主人会在衙门里受到怎样的恫吓。

最近我总觉得身体不舒服，夜里又经常有狗叫声，连觉也睡不好。昨天倒是睡得不错，可一大早就被小狗杰克惊醒了。我猜，肯定是有人要进来，所以杰克才会越叫声音越猛烈。不一会儿，真的有人迈着大步出去了，我猜大概是房东家的什么人。昨天太热了，而我们的卧室只有一个门，没有窗户，屋子后头又有猪圈和厕所，开着门实在难以忍受那气味，关着门又太热，所以我们就睡在了客厅里。

今天天气让人感觉很舒适。一大早，我先生就从城里回来了。一起吃过早饭，我们拉着马去散步。穿过栎树和杉树丛，走过崎岖的山路，越过一个个山坡，终于来到拱山。树丛中有很多不知道名字的灌木，味道和野蔷薇很像。站在山顶上，可以欣赏到周围动人的风景，就连东南方的金佛山都看得非常清楚。北边应该是非常著名的华蓥山，我曾经去过一次；不过，今天有云雾遮挡，没看到。我们是在打箭炉买的这匹小马，据说，藏语里"打箭炉"的发音是"塔城多"，所以我们管这匹小马叫塔城多。到达山顶之后，我们就把它放开，让它去吃草。

我们去城里的时候，马夫骑马摔倒了，人和马都受了伤，所以，今天这小马走路还有些一瘸一拐的。我们从城里回来的时候，马夫可怜巴巴地向我们诉说了事情经过，如今腿上还缠着绷带的他已经能蹦能跳了。

一路上都没遇到能喝的水，所以，我们打算去近旁的村里找些开水喝。苦力们都害羞得很，谁也不乐意去做这件事。我们的马夫是个很有趣的老人，名叫广涛。所有的人都知道，虽然他是遛马的，可一般都是马遛他。这次倒多亏他了，因为近旁的村里住着他的朋友。在那里，我们不仅喝上了开水，还吃了柚子。我丈夫看到一池水，据说是用来浇地的。他伸手试试水温，说表层是热的，下面很凉。那个当过兵的苦力居然一下子跳进了池里，并说水非常凉。

昨天还没出发的时候，我们看到了一只被熏过的野猪腿，就挂在一户人家外面。这就是那天晚上一群人追的那一只，肯定是有人趁我们不在时杀死的，因为当时它还活得好好的。

在庙外放幻灯片的计划泡汤了，因为当晚风特别大，传教士们只好宣布取消。可是幻灯片太吸引人了，大家都不愿走，非要等到第二天早上看。于是，传教士决定，把幻灯片搬到庙里面去放。顿时，庙里挤满了看幻灯的农民，都动弹不得。我实在受不了庙堂里的气味，看了一会儿就赶紧走了。房东家的人是和我们一起去的，他们看得倒是很入神，只是非常安静。不知他们是在认真地欣赏，还是被眼前的幻灯片弄糊涂了。

海清热情地为我描述了幻灯片里的内容，告诉我耶稣在说什么，做了什么事。由于直接劝说人们入教不大成功，传教士才想出了用幻灯片宣传宗教的方法。不过，在庙里看耶稣，让我觉得心里不舒服。况且，对于那些农民来说，耶稣完全是陌生的事物，衣服古怪，做的事情也很古怪。

　　我们在城里找到了新房子，所以把办公室搬了过去，生活起居还是在原来的房子里。这样一来，感觉宽敞很多，住的地方也安静了不少。另外，我不希望仆人跟办公室那些买卖人多接触，那些人就知道喝酒，生活太腐败，接触多了多少会受到不良影响的。昨天，我丈夫要带一个跟班去新办公室，却找不到人。结果，发现跟班一夜都没回来，回来之后站在我们面前居然也没有一点歉意。他平静地解释说，自己跟木匠去吃饭了，酒喝多了，所以没回来。在中国人眼中，能喝酒是很光荣的。

　　前天有个女人来看望我们，她的衣着打扮很时尚，是我丈夫一个雇员的母亲。她儿子是个不错的年轻人。过端午节的时候，这个年轻人把自己的两个小女儿带来，并让她们礼貌地向我们问好。他把她们打扮得漂漂亮亮的，跟我们一起坐船去看龙舟。这个年轻人是我丈夫商行的编外职员，没有薪水，只提供给他三顿饭，另外做成生意之后会有些提成。不过，他至今还没谈成一笔生意。所以他母亲来找我丈夫，请求给他儿子发薪水，并直接把钱给她。她说自己的儿子太喜欢挥霍，不仅不给母亲、妻子和儿女生活费，还逼着家里变卖东西，时间长了，这个家都快被他败光了。

　　她还问能否给她儿子换个别的工作，她儿子的狐朋狗友几乎都在重庆，就是他们整天拉着她儿子走歪路的。我丈夫说，会尽力帮助她的。后来，我丈夫没有提小伙子母亲来的事，只是非常严肃地把这个年轻人教训了一顿，谁知他竟然没什么反应。

裁缝终于把我那件絮丝的晨衣做好了。一开始，他以为外国人喜欢衣服紧绷绷的，所以每个部位都收得很紧，我提了意见之后，他又按我的意思一点点修改了。现在，这件晨衣穿起来很舒服、随意，跟那些中式服装似的。裁缝对我说，实在太麻烦，以后绝对不做外国衣服了。

9月19日

盗窃案终于告破。还记得前两天房东的妻子跪地的样子，当时她还在求我丈夫帮帮她儿子，可今天案件大白于天下，说正是她住在城里的大儿子教唆那个织布匠偷了我们的东西（这一点是谁也没有料到的）。这是用过重刑之后，那个织布匠招出来的。如今，房东的大儿子已经被抓到监狱里。他母亲再次找到我丈夫，求他出面证明她儿子的无辜。我们都比较了解房东的大儿子，无法把他和盗窃联系在一起，更不相信他会教唆别人偷我们东西，所以我丈夫很想去做证。另外，房东的大女儿为了给我编袋子，眼睛都坏了，现在他儿子又因为我们的事情被抓起来，我们更觉得应该这样做。

当地的长者也派人来传话说，那天大喊大叫做手势的人不是官差，是来给我们报信的，想告诉我们有人被抓起来了。在他们看来，被抓进监狱是非常可怕的事情。

一个穷苦的女人死了，就住在隔壁的村子里。夜幕降临的时候，弯弯曲曲的乡村小路上，点点火光延伸出去很远。别人告诉我说是在烧纸，我明白，那是纸钱。整整一夜，道士们都在做法事，音乐远远飘来，倒也悦耳。只是有时声音突然大起来，狗就会醒来不停地叫。这个可怜的女人，忙忙碌碌过了一生，连死都不能清静。

9月22日

在传教士租的那套豪华房子里，人们正忙碌地做月饼。有两个男人在舂糯米，他们手里拿的大棒子有四英尺长，是用整株刺槐做的。两人的棒子上都沾满了糯米，不时帮对方往下刮。旁边还有四个仆人，也在两两一对地舂米。四周围了一大圈人，都在好奇地看着，脸上洋溢着欢快的笑容。这跟我们过圣诞节做布丁时的情景简直太像了。这时，走出来一群男人，个个神采飞扬，手里端着小碟子一样的月饼。我们的晚餐就是吃月饼，有些黏，不过，适合饿的时候就着糖水吃，味道肯定很好。

房东家里一点欢乐的感觉也没有，他们都出门去了。这两天，女主人一直在我丈夫面前跪着哭，求他去证明她儿子不是盗窃犯，而是清白的。我丈夫给她1000文钱，让她拿去贿赂官差，求他们别给她儿子动刑。当地有20名德高望重的长者，我丈夫建议她去求其中最有威望的那个（这位长者肯定非常了解她的孩子），请他出面给领事馆写信，让领事想办法解决这件事。

在中国做儿媳妇是件非常辛苦的事，不仅要像苦力一样干活，衣服也穿得像苦力那么脏。房东家的儿媳妇今天也进城了。没见到房东，不知道去了哪里。他们家只剩三个小孩子了。空荡荡的大房子，此时只有我们和别的房客在。每天晚上我们都被吵得无法入睡，总有人喊捉贼，狗也不停地叫。不过，昨晚旁边的村里真的失窃了。

房东家的遭遇如此悲惨，我丈夫终于看不下去了。今天，他亲自写信给领事馆，把我们的所见所闻都告诉他们，并请求他们把这件事情调查清楚。假如是为了帮我们追回失窃物品，才让房东家

122

遭受如此折磨，那么在中国法律允许的情况下，我们愿意放弃索要的权利。

可是，房东再次露面的情形让我们很迷惑。两天前的一个黄昏，他居然带着一身酒气回来了。儿子入狱之后，他还能这么高兴，真令人难以理解。他自己说，是在土地庙喝的酒。我们都不敢相信自己的耳朵，再一追问，居然还在庙里吃了肉。

我丈夫以为他开玩笑，又问道："真在庙里吗？"

他回答："是的。中秋是拜坏菩萨的好日子。"

"你为什么非要拜坏菩萨不可呢？"

"擅长劫掠的虎豹豺狼都听命于坏菩萨，我们怎能不拜他呢？"

后来我们又说，峨眉山的庙里没有坏菩萨，喝酒吃肉都是不允许的。

这时，那个热心的湖北厨师说："你们听说过我们家乡的庙吗？就是湖北首府武昌那个。你们说，龟山后面有坏菩萨吗？"

房东却对我丈夫说："屋子后面那片杉树林很凉快，里面有块土地。你不是想盖房子吗？那块地是我的，知道你是好人，我愿意把它送给你。"

我丈夫问他："你明天在家吗？"

"不在，我后天在家。"

我丈夫说："那好，后天带我去看那块土地吧！"

天气热，又刚喝完酒，房东像夏天时那样将上衣脱了。对于长子被捕入狱，以及因此而给家里带来的烦恼与耻辱，他一句都没有提。从此以后，我们再也没有见过他。

就在我觉得举棋不定的时候，我丈夫说："如果一个中国人夸奖你，千万要加小心了。"所以，我们决定再等等。

房东家新弄回来两只鸽子，三个孩子里最大的那个是最高兴的。他让鸽子随着他拍手的动作忽而高飞，忽而落下。还在一只公鸽子尾巴上绑了个哨子，随着鸽子飞翔速度的快慢，哨音也在高低长短地变化着。

星期天走路走多了，马的脚又肿了，我们找来湿布给它裹上。本来这马是不许人动它的脚的，可我们给它裹伤时，它竟然抬着脚老实得很，似乎明白我们是为它好。

天又开始闷热起来，昨天城里居然达到华氏 90 度以上。我丈夫说，就连夏天最热的时候，也很少有这样的天气。傍晚来临，山顶上聚了很多乌云，我们以为又要下暴风雨，谁知云很快就散开了。晚上起风了，但月光皎洁，让人觉得很美好。我们静静享受着这一切。

农民们正在烧火，他们将土和干草混合起来用火烘烤。火堆分散在乡间的各个地方，我们坐在其中一个火堆边上，空气中弥漫着野草燃烧的味道，凉风习习，周围的一切都沐浴在清冷的月色中。今年从 4 月中旬就开始热起来了，我觉得这个夏天特别热。可当地人却说，这么多年来，今年夏天是最凉快的了。

9 月 23 日

房东的妻子昨晚从城里回来了，满面愁容。儿媳妇也是出去整整一天，晚上才回来。眉清目秀的小海清坐在核桃树下面，为了哥哥的不幸痛哭着，满脸泪水。他们家人说，老大在监狱里挨打了，还被上了夹板。厨师提醒我们，应该赶紧回重庆去，因为如果乡里人知道了房东儿子目前的状况，我们就有大麻烦了。苦力被我们派到城里去，很晚也没回来，我们又派那个一直跟在身边的年轻人去

124

替换他，可年轻人也是去而无返。我猜，大概他们都担心乡里人来找我们麻烦吧？明天，乡里的老者们将再次应我丈夫邀请，前来我们这里赴宴。我丈夫写信给领事，说不能去见他了，因为有客人要来；另外，还在信中提到了房东儿子的事，并表示会竭尽所能帮他的。今天早上，重庆的天阴沉沉的，一片灰蒙蒙的雾气。我与丈夫拿着左轮手枪，在练习射击。

9 月 24 日

今天还是阴天，只是和昨天比起来乌云少了些，山顶上雾气腾腾的。中国人最看重的节日有三个，中秋节就是其中之一。这个宴会等待的时间真长，那些族长一个比一个来得晚。他们一进门就说我丈夫人好，非常敬重他；还说他们已经写好一封联名状，一起证明房东一家人是老实本分的农民。还安慰我丈夫说，那个小伙子进监狱的事，跟我们没有关系。

他们的联名状上说，这家父母双方的家族已经在这里住了150多年，在当地是比较有名望的；可那个织布匠则不同，是乡里有名的无赖。房东妻子可怜他住在山里的老母亲，才答应租房给他住。那位老母亲很不幸，生的两个儿子都游手好闲，不是正经人。

我们的厨师在宴会上吃得很尽兴，宴会一结束就跑来找我请假，说准备过江进城，给房东的长子作证，证明其没有作案时间。房东的妻子在宴会上帮了帮忙，后来实在难受，就跪在长老们面前边哭边诉说着委屈。房东尽管也是一个族长，却并没有参加这个宴会。房东嫁出去的那个女儿已经瞎了，她跪在地上一个劲儿地哭着说："把我哥哥放了吧！"

下午我骑马出去，到山顶之后，开始坐下看报纸。上面有一个关于英国地方自治法案的讨论，我很感兴趣。不远处的另一个山顶上，两个苦力给马卸了马鞍和铃铛，让它去草地上撒欢打滚，然后他们也坐下了。塔城多在绿茵茵的草地上尽情地打着滚儿，我们看着它，全都忍不住笑了起来。玩够了，它就开始无忧无虑地吃起青草来，后来大概发现缰绳并没有束缚着它，就瞅准机会往家里跑去。快到土路了，它的速度才减慢下来。估计，我们到家里那棵经常拴它的树底下，才能见到它了。看马的老人好像也是这么想的，他扛着马鞍，摇着铃铛，正慢慢往家里走去。谁知，就在一个弯道很急的地方，居然把马抓住了。他高兴地把马鞍放在马背上，让它自己驮着走了。

回家的时候，我们遇到三群摇摇摆摆走着的鸭子，大概 1000 只左右。柿子、梨开始成熟，市场上有人在卖了。在重庆，一种水果的上市时间大概只有一个星期。幸运的是，我们在这里吃到了三次板栗。我们从城里雇的那个年轻的仆人说，这里有种很像柠檬的小橘子，皮是香的，小得可以拿在手里把玩。

9 月 25 日

我们是三个月之前来到这里的，当时地里的玉米和谷子还是一片绿色的波浪，如今农民们已经把它们都收割走了，土地也已经重新翻过。再下一场雨，地里就该种上罂粟了。这几天总有种暴雨将至的感觉，可每天都只下那么几滴。好像有一只无形的手在控制那些浓云，就是不下雨。还记得去年这个时候，我们正坐着船在长江的浪头中飘荡，天上大雨倾盆。现在的重庆，室内温度已经达到华氏 97 度，而且一周连续好几天如此。大家都说夏天的这种日子是最难熬的，燥得很，我们期待着重庆能先下场大暴雨泡一泡，然后我们再进城去。

昨天我们过了中秋节。虽然很想帮助房东家入狱的大儿子，可还是没找到能帮助他的人。按照中国的习俗，中秋是要祭祖的，可房东一家哪里有这个心思啊？海清倒是给那些过世的亲属写信了，盼着他们能地下有知，为他哥哥洗清不白之冤。那信烧没烧，我就不得而知了。

下午我去拜访村口的一家人。他们家已经摆了满桌子的菜，还摆了酒，香炉里插着两炷香。开始祭拜祖先了，这户人家的长子进来后，把香举得高高的，几乎与眼睛持平。这是我第一次见到这种情景。祭祖结束后，酒菜都被端到后院去，让大家开始吃喝。很快，不管是小伙子还是小男孩，全都在烈性白酒的作用下红了面皮，眼睛里也变得泪汪汪的。我受不了这样的情形，心里觉得有些接受不了。他们肯定会说："你们的圣诞节不也是这样吗？"

昨天，我们的苦力问，他们该不该像在中国过节一样，来我们房间里行大礼；那样，我们得赏给他们每人 500 文钱才行。估计只有中国人能想出这种赏钱方式，为行礼付钱。和丈夫商量过之后，我们决定先给他们 1000 文钱，让他们自己去分。前提是，必须给我们行真正的中国礼。他们立刻进屋给我们下跪，并开始用头磕地。这场面让我们新雇佣的仆人很震惊，他说自己绝对不会这样做的，因为他毕竟曾在上海读过书。

10 月 6 日

商人搬新家了。搬家那天，我们弄了个大大的火盆，点燃之后，让两个苦力用竹竿抬着，像抬轿子似的在街上走。有人告诉我，买了新房一定要换掉大梁，以此表明换了新主人，否则还得偿还旧主人欠下的债。

商人的新房子很漂亮，尤其到了晚上。它包含两个院子，小院子在大院子的包围之内，闹中有静，幽静舒适。里里外外全都结着彩带，挂着红灯笼，房子四周还满是开着鲜花的花盆。由于刚搬新家，里里外外满眼红色，红色刺绣的垫子铺在椅子上，客人们送的深红色幛子挂在墙上，红色的地毯铺在最里面的屋子里。跟商行有关的人员，衣着很统一，全都穿着绸缎长衫，戴着有红缨的帽子，脚上蹬着高筒靴。向我丈夫行礼的时候，他们都双手合拢，但又不是完全挨着，之后弯腰将手放到膝盖上，最后很快抬一下手，几乎碰到嘴。当时我正在自己的办公室休息，他们竟然没经过我允许，突然闯进来给我也行了同样的礼。我一下子惊呆了！

那些民间艺人都来自不同的戏班子，唱的戏也不一样，有一两出听着还行，大部分都是用他们习惯的假嗓音，有些沙哑。

29 日，我们邀请了很多客人来吃晚饭。现在，在湖南和湖北同乡会馆，我们连续举行了四天宴会，中间还有戏曲表演。在城里，这两个会馆的条件最好。昨天晚上 9 点，宴会正式开始，几乎当地所有的大商户都来了。首席的那位白色头发白胡子的老人已经有 89 岁了，可看起来只有 72 岁的样子，他可是八省同乡会的总会长。本来跟所有客人说的都是下午两点，可四点以后才开始有客人陆续到达，穿的倒是都很正式。商会会长最有意思，居然对着每个客户行了之前提到的那种大礼，而对方也回礼了。最后，他还带着客人往指定的桌子那儿走几步。戏还没有开始唱，他就已经摆好两个酒杯，并倒上了祭祀用的酒。

突然，门外传来一阵爆竹声，接着乐师奏起了轻柔的音乐。那些穿着红色戏服的男艺人纷纷进来，给客人们斟酒。在这段小插曲之前，客人和商行里的人都站在一边看着，之后才纷纷坐下，开始品茶抽烟。宴会开始之前是面点，吃的是饺子和热汤（饺子有两个肉馅的，两个糖馅的）。那些贵客非常有意思，刚进来时都要围着桌子，满脸堆笑地向每位客人作揖。

商会会长的妻子和孩子陪我坐在厢房，周围都用幕布隔开。这个女人见丈夫热心地领着一个个客人就座，似乎觉得很骄傲，和我说笑的时候显得非常兴奋。我看着她倒是很想笑。她是个活泼的人，穿着绿色的长裙，五件上衣。她的儿子们也活泼得很，最小的刚刚四岁，居然很正式地请我喝酒。尽管当地的酒度数不高，可我还是觉得小孩子不喝酒为好，况且又是这么一个懂事的孩子。

这两天，艺人们都把一块贴着五个"喜"字的板立在台上，恰好能挡住我所在的位置。今天，他们居然把板挪开了，我就彻底暴露在众人面前了。艺人来找我丈夫，让他从很多写着戏名的象牙牌中挑选，找出自己喜欢的曲目。我丈夫一挑出来，他们就穿上戏服开唱，根本没做什么准备。在我看来，要记下那么多的台词就已经很不容易了。

老百姓们在院里站着看免费的戏，高兴得很。一个男人走进来，手里挎着个篮子，见戏开演了，放下篮子就看起来。忽然他旁边的一个人要抢他的篮子，他立刻拉住了那个人。院里的其他人都被戏台上的表演吸引着，没人注意他俩在干什么。有人告诉我说，昨天开场的那出戏最应景了。戏里演的是一个善良的渔夫，只用直钩钓鱼。只有那些受命运驱使的鱼才会被他钓上来，除此以外的鱼，他绝对不会去抓。皇帝听说了他的事情，对他委以重任，而他则发挥自己的才能，尽心辅佐皇帝，还帮皇帝聚集了一批忠诚、有能力的人。

今天观众看得都很高兴，因为戏太精彩了，连那些瘾君子也被吸引了过来。

房东女人总是来请我丈夫帮忙救救他儿子，昨天又从我丈夫这里借走一万文钱，可她的大儿子到现在也没有被放出来。我们的厨师今天去衙门了，听说必须有合适的人保释，那个年轻人才能被放出来。可是，至今也没找到一个这样的人。

10 月 15 日

一位先生跟我们说，准备带两个孩子来我家吃早餐，时间定在早上 8 点。可是，等我们吃完早餐又过了一个半小时，他们才到。我们赶紧为他们准备另一份早餐，他们却说已经吃完了。就在这时，一个文雅端庄的女子走进院来。只见她走到我和我丈夫面前，屈膝行了个礼。那位先生介绍说，这是他的大女儿，13 岁了。这个女孩明眸善睐，非常漂亮，衣着合体，小脚走起路来袅娜有致。

可是，这个只有 13 岁的小姑娘，居然抹着脂粉，还涂着口红。头发也像成人似的，盘在头顶上，用一个珍珠簪子固定着。上面的帽子装饰着蓝色的羽毛和珠宝，为了固定在头发上，用了根金簪。帽子的三条飘带垂在肩上，上面还装饰着假花。她的外衣是玫瑰红色的织锦做的，领子则是黑缎子的。里面的紫色衬衣上镶着花，下面的红裤子绣着花。她的妹妹 5 岁，非常可爱，戴着个小帽子，耳边耷拉着帽子的黑色丝带，躺在有皮毛垫子的椅子上像是一个布娃娃。此时，她已经睡着了。那个最小的弟弟肯定是全家的骄傲，他头发很短，像个小和尚，戴着玫瑰红的绸缎帽子，身穿紫色外衣、红色裤子。

前几天，我们正在吃早餐的时候，家里来了两位客人。由于来得很急，所以仆人将他们带了进来。我一看，原来是袁家四少爷和一位陌生的先生。据说那人是刚刚卸任，从北京回来的。寒暄了一会儿之后，这位卸任官员说，如果能让他的儿子跟着我学英语该多好啊！我问他孩子的情况，他说自己有两个儿子，分别是 12 和 14 岁。我说："估计他们会怕我的。"那位先生说："不会的。"

我最后还是答应教那两个孩子英语了，因为我们不久就要离开重庆，教得不顺利便可以一走了之。不过，他又说，从他家到这里要走一天的路程，所以希望能让他儿子住在我们家里，这样学习更方便。我只好说："他们会不会淘气？不会把我的东西打坏吧？"这位沉稳文雅的父亲，听了我的话似乎很吃惊。于是，他又说，假如我能答应做孩子的英语教师，他愿意在旅馆给孩子租房子。这样，可以让他们每天跟我学习一个小时的英语。他还说，孩子们启蒙很早，深明事理，绝对不会做出淘气的事。讲完这些，他就走了，再也没有来过，更别提学英语的事情了。

我丈夫和我不同，他居然真的收了个学生。这个孩子只有 5 岁，是一位先生的长子，预备接父亲生意的。令人吃惊的是，他已经认识 2000 个汉字了。

两天以前，我去参观商行的新地址。我是跟着苦力一起进去的，结果被一扇走廊边的门吸引住了。走廊的奇妙之处是，站在里面可以尽情欣赏长江美景；而走廊中间的那扇门更奇妙，据说这是鬼怪之类的东西进出的通道。因为这传言，很多人都来奉劝我们不要买这个房子。他们说，这样的房子不利于做生意。我说可以装个带转轴的门，他们当时根本听不进去。

如今，在我们买下的那些房间里，住着四家人。我在那里见到很多邂逅的女人，年龄最大的那个，额头上还长着一个大瘤子。她们的床倒是很精美，都是镏金的床架子，可以说是我见过的最好的了。床边放着一个架子，上面可以摆放被子、毯子之类的床上用品。另一边放着两个凳子，分别搁在床头和床尾处，是专门在穿衣脱衣时坐的。中国人睡觉的时候，习惯把脱下的衣服盖在被子上，使得自己更暖和些。房间两边，全都是小橱柜，柜门上有黑漆的拉手。橱柜前面还摆放着几把没有靠背的椅子，显得屋里空间更小了。

屋里最像样的家具就是这些了，其他的都很破旧，这样的房子实在没法住人。商行里的人安慰我们说，花不了多少钱就可以把屋子装修一新的。况且，这房子还带个花园呢，实在很难得。令人吃惊的是，他们出门的时候，居然让我掌管商行的业务，并把印章和钱都交给了我。他们说中国女人都是这么做的，所以在他们看来很正常。

1894 年 8 月 3 日，日本日光县

如上日记是在中国重庆的农村写的。起初，我怀着愉悦的心情开始写，可越写越伤心，怎么也写不下去了。伤心的原因说不清，大概是因为医生告诉我得了败血症，又或许是为自己给别人带来痛苦而内疚吧。令人感到庆幸的是，这是在中国，很多事情都可以得到美好的结局。

那天，一个人居然给我下跪了。他的眼睛血红，瘦得皮包骨头，面容丑陋而凄惨。他就那样跪着，不停地给我磕头。我丈夫当时不在，房东夫妇两个请他去喝酒了，因为房东的大儿子终于从监狱里放出来了。我也正准备过去祝贺一下，谁知来了这个怪人。我刚想赶紧逃开，心里猛地一惊：眼前的不就是那个可怜的年轻人吗？从前见到

的他是那么阳光、热情，记得他每次回乡下看望父母的时候，都会用洪亮而好听的声音向我打招呼说："天气不大热吧，太太？"此时，看着眼前的年轻人，所有人都没心思庆贺了。

不过，这个年轻人毕竟是中国人。监狱里的磨难并没有击垮他，没过多久他就恢复了。我们那些失窃的东西最后也都还了回来，真正的窃贼们被关在四个笼子里，到村里来示众了。这样一来，房东家的名誉也终于恢复了。我们那个很有劲儿的苦力走了，连工资都没有领，因为他偷了人家一件上衣，被人发现，结果又还给了人家。不过，他真是我在重庆遇到的最壮实的人了。最识时务的人是我们的厨师，他请房东女人做媒，真的娶回一个四川女人做妻子了。而我们也拥有了自己的一块地，就在长江边的一座山上。我们盖了新房子，不用再与四川的农户们住在一起了。

补记这些日常琐事，我们能体会到一点：这个世界上有很大一部分人是中国人，他们和我们欧洲人没什么不同，都是朴实善良的男人和女人，对生活没有过高的要求，能简单度日就很满足了。

第十三章　西南地区的排外暴动

在 1895 年，四川发生了反对洋人的暴动。至于其中的真正原因，大概永远都没人知道。长江地区也曾经发生过这样的事，但没有外国人去深入思考过事情的起因。只要是在中国生活过的外国人，就不会相信中国人单方面进行的调查结果，也不会信服其解决的办法。因为，结果往往只是杀几个中国人装装样子，同时对在中国的外国人进行一下教育。假如结果是外国人被杀死，而凶手又不知道是谁，那么这个外国人的朋友就会受到指控，而处理此事的官员则可以凭借这个机会高升了。

中国的普通百姓们说，这些暴动的目的是让皇上和日本人知道，洋人对中国事务参与过多，老百姓不乐意。当然，主要是想让皇上知道这一点。所以说，这些暴动并不是对外国人或者基督教有什么意见。那些信息发达的外国人也深明其中的奥秘。清王朝驻英使馆的陈先生告诉我们，这些暴动是派系相争的结果。安徽人李鸿章势力越来越大的时候，陈已经不做官了，可又想打压李，便采用这种方法给他制造麻烦。湖南人打心眼儿里恨外国人，所以他们被称为爱国派。由于陈先生曾经在英格兰与那里的洋人交往得很融洽，所以，即使不再做官，他也没敢回湖南去。

1895 年 5 月底。

这天，成都城里突然贴满了告示，原因不得而知，内容是："兹告众人：我家姓李的女仆说，她亲眼看到有人在洋人教唆下将小孩子拐走，榨油用。望众位相互监督，把自己的孩子看好，最好不出门。"

这是一张匿名告示，中国人看了之后，完全相信这是真的。那些在美国受过教育、作为大工业集团领袖人物的中国人，应该算是思想最开通的，可就算是这些人，看着天主教堂高高的围墙和紧闭的大门也在暗暗揣测："里面肯定藏着什么见不得人的勾当。"英国领事馆里有个中国男仆，已经在这工作几十年了，他的女主人问："你了解我和老爷是什么样的人，千万别信外面的谣言。这种挖小孩眼睛之类的事，我们肯定没有做，你相信我和老爷不是那样的人吧？"那人居然叹着气说："我不清楚。"

或许，在所有中国人看来，外国人就是这样的人：挖小孩眼睛、用小孩榨油、洗相片……

5 月 28 日下午，成都。

加拿大卫理公会教堂遭到突袭。这天恰好是中国传统的端午节，成都人正在街上互相扔李子玩（别的地方是赛龙舟）。有个刚从城外传教基地回来的传教士，在城里看牙，做完手术才发现，自己被中国人包围了，那些人全都蠢蠢欲动、怒目而视。如果是美国人或者加拿大人就会随身带着枪的，而在英国长大的传教士们，一直生活在治安良好的环境中，没有带枪的习惯，总觉得警察会保护自己的。而此时，人群越来越密集，两位医生不得不努力驱赶人群。他们把妇女和小孩放在比较安全的地方藏好，同时找人去衙门搬救兵。等到救援人员赶到的时候，他们已经在那里死守了快两个小时。

说是救援人员，实际上只有几个官差和手无寸铁的士兵。他们告诉传教士和大夫，说会让人群离开的，大夫们听了就放心地去找妻子和孩子。可大夫们刚转过身，人群就涌进来开始乱砸东西，吓得他们躲在一堆木头后面。一个中国人见了，竟然扬言要将他们烧死。最后，连后门都被人群堵上了。大夫们被迫往空中开了一枪，人群一下子炸了锅，四处逃窜，这才让出了一条可供他们逃生的路。

暴民把教堂的大门撞坏了，传教士们不得不逃走。四个大人和孩子，就是从门上的洞口爬出来的。可谁敢收留这些东躲西藏的人啊？到处都是"杀死他们"的声音，他们只好不断地躲藏、逃命。这些人以为军营会收留他们，谁知士兵们不仅驱赶他们，还踢了一个女士一脚。无奈之下，他们向城墙奔去。那位牙痛的传教士在黑暗中还跑错了方向，进了中华内陆会的教堂。一个孩子也在逃跑的路上走散了。跑到城墙那儿的人，鞋子也丢了，就那样光着脚度过了后半夜。他们看着教堂在眼皮底下被烧毁，不知前方还有什么在等待着他们。

天亮了，终于有轿子来接他们去中华内陆会，并在那里再次见到看牙的传教士杰克逊先生。而那个走散的孩子，也被一个仆人找回来了。在这里避难的，还有哈特维尔先生和中华内陆会的女士们。这些全是无家可归的人，他们的房子在暴动中被毁掉了。街上的人对中华内陆会的人说："你们在这里做了十几年的善事，没人来袭击你们。"

　　暴徒们又开始在街上聚集，立刻有人跑去衙门报告。29 日下午3 点钟，一个美国圣公会的传教士来到衙门里，手里提着一个箱子。他对衙门里的人说，请他们帮忙保管箱子里的东西。衙门里的人请他放心，说传教士们的财产安全是有保障的。这个人听了，只好又提着箱子出去了。

　　第二天上午，成都所有外国人的房子都被烧毁了，即使重庆的外国人也来不及帮他们一把。人群将前门团团围住，几个倒霉的加拿大人只能看准机会从后门逃走。他们顺着梯子翻过后面的院墙，跑进了一户人家。这家人的房子非常小，只有那张带蚊帐的小床可以藏身，他们给了这家的兄弟三人 30 两银子，才被允许躲到蚊帐里。也就是说，小床上藏了六个大人和几个小孩。他们的孩子大都只有两岁多，一直在那里哭闹着。今年的夏天恰好来得早，几个人就这样在难挨的酷热中躲在一起，屏住呼吸，度过了三个小时。他们眼睁睁地看着自己的家遭受洗劫与毁坏，可是，这个藏身处的男女主人却表现得非常淡漠。男主人将床放到门口，自己躺在上面抽鸦片；女主人若无其事，忙碌着自己的事。直到天黑，躲着的传教士们才敢出门。可是坐轿子去衙门的路上，又有一个人走散了。

　　后来才知道，那个走散的人，慌乱中跑到了一个中国医生家。这家人非常聪明，居然将他装扮成病人送了出去。他头上被扣上红蓝两色的中式头巾，鼻子上架了个夸张的中国眼镜，由两个人搀扶着走出了门。那些暴民正忙着毁坏外国人的房子，根本顾不上看一个病人。那两个人趁机扶着他钻进了一顶轿子，对轿夫说：此人病得不轻，生命垂危，一定要按时送进衙门里才行；在路上还要放下轿帘，因为他的病是传染病，即使接触到他呼出的气体也会被传染的。就这样，这个人平安脱险了。

那个曾经请求衙门帮忙保管财物的美国人，回去后三个小时，就发生了暴动。他曾经想跳墙逃走，结果并没有那么做。假如他真的翻墙出去，就会被那些赤裸着身体的强盗抓住。之前他们的用人就那样逃过，结果被抓住，交了10两银子才得以脱身。这些美国人躲到了阁楼上，他们当中还有个刚刚结婚七天的新娘子。他们眼睁睁地望着自己的财产烧的烧，毁的毁，其余的都被带走了。这种令人恐怖的情景一直持续到深夜。夜里1点，衙门里的人觉得危险过去了，这才派人过来接他们。

5月29日，早上刚刚结束弥撒，就有人送到天主教会一封信。信上扬言说，所有在华的外国人都有危险。主教立刻给总督写了封信，向他求助。可是，总督并没有回复。主教很着急，只好亲自到总督府去，想借来100个士兵。结果，不仅大门都没让他进，还被总督府的人连骂带打地轰了出来。

主教说："他们弄翻了我的轿子，还把我的轿夫痛打了一顿。乱石不断向我飞来，我拼命跑着，还是被击中了很多次。另外，一个官员模样的人还冲我抢斧子，要是真的被劈一下，我的脑袋早不知所终了。最后我浑身是伤地跑了，旁边护送我的一个衙门小军官也被石头砸中，血流不止。离开教堂后短短几分钟的时间，暴怒的人群就将我们的天主教堂毁掉了。神父刚刚藏好几页纸，那些人就一拥而入。一个半小时后，教堂里就空空如也了——家具全被砸毁，值钱的东西被抢光。后来，还是几个军官发话，暴怒的人群才收手解散了。谁知，几分钟后，他们又回来了，准备彻底推倒整座房子。

最后，总督终于出现了，可他居然发话说：'抢东西砸房子都可以，就是不能放火，旁边还有老百姓的房子。'听了这样的话，本来夹杂在人群中想向我们施以援手的朋友，还有那些充满正义、一直在帮助我们的人，都不敢再与我们有瓜葛，只能远远走开了。

"主教莫塞耶勒·杜海思，是70年前被杀死的。这次烧毁教堂时，他的坟墓被暴徒挖开了。他们从里面弄出他的尸骨，挑得高高的，到街上炫耀、示威，嘴里还叫喊着：'看哪！这就是传教士杀人的证据！这是我们刚刚从他们的房子里挖出来的！'这无疑可以起到激怒群众的作用，好让老百姓继续追杀我们。于是，接下来，我们所有的房子都被烧毁了——育婴堂，教堂，什么都没有剩下。

"到了30日下午3点，衙门终于派人来了。他们用轿子来接我们，18位英国和美国的传教士、妇女、儿童，他们也同我一起走了。我们现在都是一样的人——像乞丐一样什么都没有，无家可归。衙门里的人客气得很，只是住得实在差劲。6月1日，我们又被移送到知府衙门，也就是我写信给你的地方。"

5月30日和31日这两天，31名外国人（英国、法国、美国）失去了财产，失去了家园。幸亏他们分别向驻重庆和北京的领事馆发出了求救信，否则真不知道还会有怎样的遭遇。总督得知他们求救的消息时，曾经试图阻止，但晚了一步。不过，那也成了外国人最后的求救信号，他们再也发不出去消息了。那些被挖出的尸骨和墙上的鸡血所蛊惑的百姓，已经逐渐失去理智，恨不得立刻冲到衙门里，把外国人全部杀死。

还有更可怕的事——有人把一个小乞丐弄到了衙门里，他没有舌头，带他来的人说是被传教士割掉的。这个小男孩失去了舌头，所以真相永远无人知道。可谁能做这种残忍的事情呢？除去外面那些暴徒，还会有谁？

有人说传教士把小孩子的脑浆混合在牛奶里了，所以整罐的牛奶被倒掉，街上洒得到处都是。一位躲在衙门里的女士早产，可找不到药品和纱布，只有束手无策的医生。终于，医生被允许出去采购药品。他在街上见到一个手非常白的人，那人手里拿着个瓶子。医生觉得很幸运，他知道这是一瓶石炭酸（腐蚀性比较强），可以做消毒剂。原来，瓶子是这个人从医生所在的医院抢来的，结果他的手被石炭酸烧伤了。当医生说要买下来时，那人非常高兴地卖给了他。接下来的三个星期，医生一直用它为这位生孩子的女士消毒，才使她免于感染。否则，在中国西部这么炎热的六月，她肯定会送命的。

5月29日，纵火与劫掠行为达到最猖狂的地步。周道台贴出告示说："洋人在中国劫掠小孩的证据已经落实，军民要镇定，莫要惊慌。本官对他们的罪行一定会秉公办理，绝不姑息。"

30日，一个匿名告示又说："目前，日本人强占了我们中国的领土，英法美三国全都视若无睹。你们要想在中国自由传教，必须先帮我们赶走日本人，否则不会有传教自由的！"

30日，巡抚大人的告示上说："有人禀告本府，端午那日，街上百姓投掷水果为乐，洋人一味围观（这并不是事实）。结果，相互之间吵闹起来，导致教堂被烧毁。双方实际皆无错，只因有人挑拨，并趁机作恶。

"凡老实本分的百姓，要做好自己分内之事，有冤申冤，成都与华阳两府都会秉公办理各种事宜。对坏人绝对不能施以援手，否则会一同受罚。如若抓到带头闹事的人，本府一定会严格执法，对其实行严厉的惩罚。"

31 日，似乎有北京来的命令，城里开始实行军事管制令，并发布告示："今已禀告皇上，凡散布不利于政府的言论、迷惑别人的人，都将被依法逮捕并斩首。"

衙门终于得到命令，在暴乱发生 11 天之后，送传教士们离开。他们在军官和六只配有士兵的小船的护送下，于半夜一点钟从岷江离开了成都。其中包括英国人和美国人。一个来自中华内陆会的传教士，想给重庆的英国领事发电报，请求继续留在成都。可那些军官表示拒绝发这个电报。终于，他们被安全护送到了重庆。回头想想，从开始逃亡，再到宜昌，他们已经颠沛流离一个月了。宜昌距离长江上游 1000 英里，一般情况下这里会有外国军舰出没，可他们一路上都没碰到一艘。

护送圣公会的传教士杰克逊先生回传教基地时，军官们非常谨慎。不仅给他戴上了墨镜，染黑了胡子，还让他穿上了中国官服，戴上中国官帽，脚蹬官鞋——俨然一个中国官员的模样。由于他坐着一顶过于豪华的轿子，身边还有很多人护送，故而引来了很多人围观。军官们赶紧提醒杰克逊先生，千万不能出声，也不要轻易下轿。他们还告诫护送的人说，假如有人问轿子里是什么人，就说是"来迎接新总督的高官"。因为恰好李鸿章的亲信——刘总督被撤职，来了一位新总督。这倒是整个事件中最令人感到意外的。

7 月 2 日这天，正逢星期天。暴徒们突然向中华内陆会和万县圣公会发动攻击，结果只抢走了几样东西，因为这次衙门很得力，及时赶来支援了。新都的一位女传教士家也成了他们袭击的目标，这家人从后门逃出去，却找不到落脚的地方，因为没人愿意收留他们。

最初连知县都没打算帮助他们，到后来才派人驱散了闹事者。现在又听说，那些女传教士住的地方已经有人在保护了。

忠州的天主教堂被毁掉了，闹事的人群将三位前去拜访的女士困在了里面。后来，人群里走出一个男人，他在三位女士门前的一块石头上磨着自己的大刀说，里面的人都是好人，只要他在，谁也别想进去伤害她们。一位女传教士和一个中国女子跑去求衙门的人，结果连门都不让进。那个中国妇女见状大哭起来，她说，假如衙门不去保护她们的财产和安全，就死在这里。僵持了很久后，她们终于走到了衙门里头，可知县竟然正吓得不住地发抖。

最后，拿刀的男人给三位女士雇了轿子，还请旁边三个围观的人一路护送着，回到了她们的住处。

7月4日，美丽的宜宾也发生了袭击事件。圣公会、美国浸礼会等几座教堂遭到毁灭性袭击，一部分遭到破坏，就连天主教堂也在其中。里面的女士们跳墙逃走，剩下的男士遭到了暴徒的毒打。中华内陆会的两个传教士，正带着两个孩子在乡下传教，听说这件事之后，仍然冒着危险赶回来了。刚到宜宾，就看到舱门外站着一位拿着宝剑的官员，船主提醒他们赶紧逃命去。结果，还是被暴徒抓到，抢走了他们身上所有的东西。身无分文的他们，无处可去，因为没有人愿意收留他们。他们带着孩子，随着闹哄哄的人群赶到教堂那里，结果看到的是一片废墟。幸好有三位善良的老妇人收留了他们，否则他们在天黑前只能四处躲藏。夜幕降临的时候，他们终于来到衙门，见到了其他外国人。

泸州的教堂倒是没有被拆毁，暴徒们闯进那里的中华内陆会，只是毁坏了些东西，损失比较小。位于水富县的美国浸礼会驻地遇袭，里面的美国人坐船跑了。终于，当地官员开始采取措施，防止事态进一步恶化。知县下令让水富县的所有外国人都坐船离开，有的传教士不想走，知县就明确地对他们说，衙门也无法保证他们的安全。

谁知，在长江上发生了戏剧性的一幕。

位于雅州的美国浸礼会失去了与外界的一切联系，他们想到，假如雅州也有暴徒聚众闹事，这里就不会幸免。所以他们决定，先把妇女和孩子送走，给他们找个安全的地方容身。夜半时分，夜空中繁星闪烁，他们像逃犯似的，离开了这座睡梦中的城市。起初他们对未来有过那么多美好的设想，现在不到一年的时间，竟要悄悄逃走了。

过雅江的唯一工具就是竹排，他们坐在上面，由一个全副武装的士兵负责护送。路上，他们看到一处被毁掉的天主教驻地。到了宜宾，他们来到衙门里，与藏身在此的其他传教士汇合。躲在衙门里的传教士没有人身自由，不仅不敢出门，还要忍受士兵的侮辱，一个传教士更被士兵打破了头。他们只好在不走路风声的情况下，换船继续前行。在水富县想靠岸时，几个开船的中国人不许他们停泊在此，可长江波浪翻滚，他们的小船根本不敢再行驶了。

这时，突然从对面江上驶来一艘大船，上面坐着中华内陆会刚刚脱险的传教士们。雅州和水富的这些传教士正走投无路的时候，居然遇到了他们，简直是奇迹。后来，来了几只载着武器的船只，想要袭击这些外国人。幸好一个美国人非常勇敢，他站在船头，手里拿着温彻斯特连发枪对着那些船只，暴徒的船只被吓跑了。该上船了，美国浸礼会的传教士让一个人留在水富，等待下游的外国人，并让他保管浸礼会的钱财和东西。

谁知，这个留下来的传教士遭到了武装袭击。暴徒们不仅抢走了他保管的财物，还把他自己的财物也抢光了。更可怕的是，中国人将他吊在了船上，轮流用长杆的梭镖扎他的身体。那些坐船逃走的美国人知道这件事之后，会怎么想？还会轻易把那几个武装船只放走吗？

　　泸州的女传教士被英国领事馆召回。当地的知县知道了，立刻封了她们的住所，并派兵守在门口。天主教驻地也被严加看管起来。

　　不久以前，天主教会得到确切的消息：整个四川，被毁掉的传教基地的教堂有20多座；牧师被赶走，中国信徒也没能幸免，全都遭到了洗劫。另外，彭山与新津教堂、长老会也无一幸免。假如更偏远的地方发生这样的事，不知他们会过多久才能知道。

第十四章　心惊胆战

1895 年 7 月。

听说在暴动中表现果决的道台，受到北京接见。另外，重庆的太平门正在建亭子，说是为了迎接来自成都的总督。外国人已经全部撤出成都城，可对那里贴出的针对外国人的告示仍感到心有余悸。这位总督会不会被罢免呢？会不会有人来接替他呢？

五天后就要开始科举考试了。听说有两三万人要来参加，不知道真实的情况如何。这就是说，过不了几天，将有六万多人聚集在重庆。其中年龄从 19 岁到 30 岁之间的考生，有两三万，再加上他们各自的随从，人数就不止这个了。这些人都会相信告示上所说的话，相信外国人真的做了坏事。想到英国人和美国人落荒而逃的样子，他们也会窃喜甚至兴高采烈吧？有一点是可以肯定的，那就是我们这些来自西方国家的人，在中国西部从未得到过尊重。如今将要涌进重庆的都是了解暴乱事件的人，他们又怎么会害怕外国人呢？

任何政府都很难让这些人守规矩吧？

政府这时贴出告示说："皇上已知晓有人造谣聚众作乱之事，并晓谕天下，再有发现杀无赦。"

中国军事管制令之下的我们，没法得到英国政府的帮助。英国政府顶多在宜昌还能帮上忙，可那里距离重庆太远，有一个月的路程呢。开通重庆港口的时候，就有中国人提出建立租界的事。那样可以专门为重庆的外国人服务，保护起来也容易得多。假如英国政府能接受这个中国人提出的条件，就不用再谈什么保护了。另外，假如外国人聚居在租界里，就算人不多，他们也可以保护自己。

可是重庆目前的状况是，妇女和儿童根本得不到保护。不仅如此，如果有意外发生，妇女们会觉得自己是男人的包袱，所以，军管令还没有宣布的时候，她们已经准备离开重庆了。她们过着几乎与世隔绝的日子，孩子不再上学，医院没人去看病，只和少数信得过的中国人交往，除此以外没有任何交际活动。那些友好的中国人对她们说，现在还来得及，应该赶紧离开重庆。重庆的教会都有分支机构相互联系，他们会了解各处想离开重庆的人员，并说希望能让妇女们先行离开。

这些可怜的女人开始收拾东西，只把那些实在舍不得的东西留给自己，其他的就等着暴徒来瓜分了。终于，她们不仅打点好了早上出发要带的东西，而且找好了同行的伙伴。留下来的是职位比较高的传教士。太阳出来了，大家又跟往常一样去做例行的祈祷，并辞别了几个很好的中国朋友，和那些泪眼婆娑的中国基督徒。开始祈祷了，所有人的内心都波澜起伏。一位女士说："我们知道这里不安全，会有暴徒闯进来，可我们的丈夫留下来，肯定会面临巨大的危险。"

看着我旁边的那位夫人，我一句话也没敢说。我知道，她也在牵挂自己的丈夫。我们就那样默默地坐在一起，最后还是她先开口了："您有话想说是吗？"我问她今后有什么打算，她说很想离开重庆。说了些话之后，我们心里都觉得好过些了。由于担心中国人对我们有疑虑，她跟我说，我们夜里不能睡床，还是睡在地毯上的好。

第二天早上，一位英俊威武的先生骑着骏马来了。他来自苏格兰圣公会，是来通知我们一个消息的。他说军事管制令发布了，我们这些准备好行囊的女士都不用走了，因为这里安全了。而此时，女士们早就把收拾好的行李搬到船上，准备天一黑就离开重庆。领事馆禁止在暴乱中逃出来的外国人滞留，一些想逃离危险的女士，早已经跟那些逃亡到重庆的外国人一起坐船跑了。过了几天，见官府真的加强了管制，连中国人都开始说外国人在重庆没有危险了，女士们就又从船上搬回了箱子。

由于科举考试还在继续，所以一直有船在江边等着接应我们。大家心里都清楚得很，万一发生危险，只有像在暴乱中逃亡的人们一样，急忙离开。

几个中华内陆会的成员，在衙门里躲了一个月之后，再次回到重庆。难以想象，他们关在衙门里有怎样的遭遇。据说，他们不仅身无分文，而且只能天天待在阳光都照不进来的小房间里，唯一的安慰是有一小块可以锻炼身体的空地。

6月4日那天，重庆所有传教士的住处都遭到了暴徒攻击。一个传教士身上有个不错的腰带，结果两个暴徒争抢起来，差点把这个人扯成两半。妇女们经历了暴乱，又在衙门里暗无天日地躲藏了一个月，这种种压力不是一般人能承受的。对男人来说都是难以承受的，更别说生性脆弱的女人了。而她们不仅没有垮掉，还坚强地挺过来了。可英国男人很难理解这一点，因为他们都有些大男子主义。

假如此时离开重庆到长江下游去，10月份之前肯定回不来。因为夏季长江水位会暴涨，就算是水位没有变化，从宜昌逆流而上到重庆，没有一个月时间也到不了。而去宜宾则可以走陆路，两个星期就可以到达了。

尽管发生暴乱，可并没有外国人在成都被杀，所以有人觉得外国人在重庆不用担心，不会有生命危险。实际上，目睹过成都暴乱的外国人，都见识过那些暴徒们洗劫和烧毁的本领。他们心里都清楚得很，假如当时没有躲进衙门，天知道自己会有怎样的悲惨遭遇。当时他们躲在衙门，还受到暴徒围攻，暴徒扬言要闯进去杀死他们呢。肯定是那封及时发出去的电报起了作用，重庆领事馆让衙门保证外国人在那里的安全。之前我们提到过，成都总督曾极力阻止发报，还好他晚了一步，电报已经发送成功了。就是这封电报让成都的官员收留了这些外国人，没让他们过早离开。否则，暴乱的结局肯定不会是没有人员伤亡。

天主教的主教是最后躲进衙门的。他慌里慌张地跑进去，穿过妇女的房间，直接冲进了男人的住处。他的衣着与举动都在告诉大家，暴徒们并没有善待他。假如这是真实的情况，那么他肯定是一直在坚守自己的岗位，实在迫不得已时才离开的。

那些在中国西部生活的美国人和加拿大人，都随身携带枪支。一支温彻斯特枪，曾经在逃亡的路上发挥作用，避免了一场灾难。实际上，在整场暴乱中，这些美国人和加拿大人的枪阻止了很多悲剧。保尔上尉就说："当一个人冷静地拿着枪面对敌人时，对方的勇气也就消失了。"

7月26日。

海关人员不时地进来出去，身上都带着装满子弹的枪。就连领事大人去喝茶时，都会把枪放在帽子下面。如今，教会的每栋房子中都安插了10个站岗的中国士兵。他们受教会雇佣，保护房子里的人，每天能得到50文佣金。

太平门上还摆着那个新建的亭子，本来是用来迎接总督的，现在用不着了，总督不来了。他从成都乘船沿着岷江前行，在激流中经过了宜宾、水富，到泸州时，风浪猛地大起来，根本无法行船，于是他掉头回成都去了。中国人说这是报应，太好了。外国人则说他犯下了不可饶恕的罪行，会遭到上帝的惩罚。天主教的中国教徒说，只有惩罚他，四川才能太平，不再发生暴乱。真的会有报应吗？成都从发生暴乱到现在已经快两个月了，英国政府到底是怎样的态度，我们不得而知。而重庆的中国官员和我们的领事费莱塞先生，则对此提高了警惕。

一位总管天主教财务的法国教士，不无骄傲地说："这场暴乱，毁掉了天主教在四川的40个驻地，可没有一个法国人因此而离开。就算生病，也没离开四川逃亡到北京去，没有一个。有四个法国人，包括一个法国伯爵，他们从暴乱中逃出驻地，徒步在大山中走了四十天，最后，到达了云南昆明。"或许有一天，这些外国人会跟我们说说自己遇到的艰难险阻。除去这四个人之外，其他的法国传教士不是躲进衙门，就是藏在中国人家里，始终没有离开驻地。

前面提到的打箭炉，就是与西藏交界的那个地方，也有传教士的驻地，那里也不可避免地遭到暴徒的袭击。一个中国传教士面对这些暴徒没有惊慌，他让12个中国人手持梭镖直对人群，之后开启教堂大门请他们进去。几百名暴徒，面对着12支梭镖退却了，居然一哄而散。就这样，那座教堂才得以完好地保存下来。

大部分中国基督徒都是老实本分、事业发展顺利、衣食无忧的人。在成都，没有中国基督徒被抢的事件发生，可是在比较偏远的地方，中国基督徒的财产几乎被暴徒洗劫一空。所有的中国基督徒都惶惶不可终日，时刻等待着灾难的到来。

洪庙场（我丈夫的《峨眉山》中有描述）坐落在一片山中高地上，是个集镇。它的一侧是峡谷，另一侧是激流滚滚的沱江。江对岸，是峻峭的娄山。洪庙场后面也是一座山，高达一万英尺。据说，从山口翻过去就是自贡。在自贡与乐山之间，有一条盐商的必经之路。刚听说成都暴乱的事，洪庙场的异教徒就开始对基督徒发起攻击。双方进行了两个多小时的石头大战，后来中国基督徒大喊："石头快用完了，赶紧准备枪！"异教徒听了，吓得落荒而逃。

有个牧师同时管理塔田泽和洪庙，两地相距一天的路程。他主要在洪庙场住，每年去一次塔田泽。在异教徒开始暴动的时候，洪庙场的教徒专门派出三个人去给塔田泽报信，以便那里的基督徒能及时做好准备。当那三个人翻山越岭，终于把消息送到之后，当地的教徒立刻在去往塔田泽的必经之路上集合起来，驻扎在一所房子里头。妇女和孩子一看到来袭击的暴徒，就开始尖声叫喊，男人们立刻开枪射击，11名暴徒被当场击毙。

塔田泽有一座非常好的女子学校，蜂房里飘荡着甜美的蜜香，这一切都被保留下来。塔田泽安全了。

别的地方也曾对暴徒的袭击有过正当防卫，可很少见到像塔田泽的教民这样对暴民进行坚决、有力的打击。水富传出过暴徒死伤的消息，但据说是那些人自己造成的，并非教民防卫时杀害的。当时有个天主教学院，离水富三英里，暴徒们袭击那里的时候，爬到屋顶上准备拆大梁，结果掉下来摔死了六个人。据说重庆方面刚刚送到 6000 两银子，暴徒们就是冲着这个来的。他们不仅知道银子的数目，还知道银子埋在什么地方。在中国，哪里容得下秘密呢？结果，挖出来的所有银子都被暴徒运走了。

学院遭到暴徒侵袭，所以学生们都来复课，校长却还没有到。学生们被告知，在这里不许开礼拜堂，不能卖任何书给别人。连政府公告当中都说，要调查学院被劫的案件，学生必须严格遵守要求。

外国人真正担心的是，那个让一切走向恶化的总督不仅没受到惩处，反而还跑到别的地方去做官。那样一来，每个暴徒都会觉得，外国人的财物就是可以随意抢夺和焚毁的。那个道台大人倒是公正得很，不知道他会不会被调离这里。如果他走了，新来的大人又不喜欢洋人的话，暴力事件很有可能死灰复燃。这是完全有可能的，因为到现在为止，他们只逮捕了五个暴徒。

这些中国暴民的确与众不同。有一位中华内陆会的高级成员，在自贡住了很多年，深受当地人尊敬。发生暴乱的时候，他藏在了衙门里。后来他冒着危险回到家，发现那些暴民竟然正在忙碌地搬东西，像在自己家里一样。假如他们拿起传教士觉得有特殊意义的一个东西，他就会跟他们商量："能不能别拿这个呢？"那些暴民居然会听他的话。一个妇女抓着卧室的睡衣冲到他面前问："这个是什么？"他就笑着说："嗯，你可以拿回去用它给孩子做衣服。"就这样，这位传教士眼睁睁地看着自己的家被暴徒搬空了。

第十五章　温塘

　　重庆东面连绵起伏的群山，成为四川这个商业中心的东部屏障。在重庆北边 20 英里的地方，群山之间的深谷底部有一眼温泉，它就是中国人口中的"温塘"。自从来到中国，我们还没有光临过中国内陆矿泉疗养胜地。眼看就是圣诞节了，假日去温塘真是最好的选择。打定主意之后，我们立刻收拾好换洗衣物，将行军床也收进了行李里。平安夜的时候，我们便坐船过江而去。

　　在对岸一条石头长街的两旁，散落着海棠村的民房。这条长街正是通往贵州官道的起点。从这里往上，距离江面 1000 英尺高的地方，有个叫"榕口崖"的山口。叫它"榕口崖"，是因为这里有一棵大榕树，枝叶繁茂，浓荫遮蔽了好几百码长的石阶。攀上榕口崖之后，往左看就是叫作"老春藤"的山峰了，上面树木葱郁，半山腰处庙宇重重，听说供奉的是中国的哲学家老子。

　　山口间有个狭窄的凉棚，成为从重庆南下的赶路人休息的第一处地方。从山口穿过，就来到一个很深的山谷，两边是陡峭的高山。东边的山岭绵延、巍峨，上面苍松翠柏遮天蔽日。而半英里宽的谷底，则开凿出了一层层的水稻梯田，远望去看不到尽头。此时是冬天，稻田一派冬意。田里的水，静静的，清清的，田埂上的豆荚花开得正旺。

两边的山脉主要是石灰岩，两侧露出些四川的红色砂岩。山路开凿得很舒服，宽窄合适，连下坡都让人觉得不那么明显。一路下坡走出 6 英里之后，我们来到一个人口密集的小镇 —— 老场。在"榕口崖"另一侧，正对着山口的地方还有个"新场"。老场的街道上，都铺着坚硬、光滑的石灰石块，宽 4 至 6 英尺，显得非常整齐。往前走了没多久，就看到一座山梁，它的山脊位于四川和贵州的交界线上。冬日的雾气将远近大小的山峰都笼罩起来，大概只有晴朗的夏日才能看到远处的山脊吧。安静的山路上，也弥漫着轻纱一样的水雾，给人一种清凉之感。

由于新场的饭馆都是露天的，我们在那里吃午餐的时候，被好奇的人们围着看了好久。之前的路一直很好走，过了新场就开始直上直下，不大好走了。在山谷里我们没看到水流，所以猜想，肯定存在着地下暗流。最后，我们在谷底和高高的山脊上都看到了水流砸出的深坑，证实了我们的猜想。

整个山谷连庄稼都没法生长，给人一种荒无人烟的感觉。周围几乎全是石灰岩，山脊直上直下，上面镶嵌着深灰色的石块，如同起伏的波浪。等走近些才看清，岩石之间那少得可怜的泥土里，栽种着参差不齐的罂粟苗。罂粟一般是 11 月播种，此时刚刚从土里钻出来，像狗尾草似的。即使从最近的小镇往这里运送肥料，也是很困难的事。

幸亏这样的野地并不多，不一会儿，又有一道迷人的山谷出现了。这里生长着低矮的树丛，栎树、棕榈、榕树密集地覆盖在山谷间的小丘陵上。平坦的地方生长着成片的罂粟，山坡上葱郁的灌木丛中掩映着富有生活气息的农家房舍。陡峭的山坡上开凿出来的小路，仅能走我们的小马，不过走起来倒还比较省力气。山路两边的石壁上，偶尔会有一些粉红色的野花探出头来，还有些藤蔓攀爬在其间。就这样走了5英里，终于登上山脊，同时山谷也走到了尽头。先前的一切都被我们扔得老远，离温塘越来越近了。

　　下山的路很陡峭，上面铺着零散的石块。踩着崎岖不平的山路，又前进500英尺，温塘就到了。它所在的位置是个小山村，这里四面都被高山包围着，俨然一处安静美好的山谷。山峰在苍劲的松树和缥缈的云朵间忽隐忽现。村中流淌着一条水波幽蓝的小河。到处弥漫着朦胧的雾气，混合着温泉的水汽，更显迷茫。一座雅致的三孔石桥坐落在小河之上，从桥上走过去，就踏上了一条平坦宽阔的石板路。接着，我们又穿过了村口的凉亭，把行李安顿在一个相对来说干净些的谷仓里。在这样的小山村，这应该是最好的客栈里的上等房间了。

　　温塘就坐落在谷仓旁边，那也就是我们说的温泉。刚把东西安顿好，我们就迫不及待地跑去看著名的温塘，结果有点失望——温泉看起来有点脏兮兮的。不过，我们还是纷纷跳了下去。这个温泉浴的四周有围墙，头上有盖着瓦的顶棚。里面的浴池分为男女两个，男浴池大概有3英尺深，30英尺见方。浴池墙壁是天然的、满是花纹的石灰石，如果在上海的花园里摆上这样的石头，肯定会吸引很多人来欣赏。浴池两边开凿着宽宽的石阶，为的是方便人们入池洗浴。即使不下去洗浴，只站在石阶上，心情也非常舒畅。这个浴池与中国很多地方一样，对任何人都是免费的。

此时，有一个大人和三两个孩子正泡在里面。看到浴池的进水量很大，池水更新很快，我们没有犹豫，立刻跳进去与当地人一起享受起这温泉来。水中有股浓重的硫黄味道，但是非常清澈。从出水口巨大的声响可以判断出，温泉的入水量一定非常大。与我们同浴的当地人说，这个温泉一年四季的水量都是一样的。在温泉边上有一座年代久远的古庙，庙前的石碑上记载着温泉的由来，只是字迹已经模糊了。

在中国人看来，有种看不见的力量操纵着自然界的一切。在四川，这样的思想处处有所体现。外国人正在积极传播异教教义，在它面前，这种思想还能坚持多久呢？如果有一天异教教义在中国获得认可，中国人或许会像美洲人一样，进入文明的时代吧？美洲所有的自然财富是上天赋予他们的，可是信奉基督教的投机者劫掠并垄断了这一切。结果，只有那些口袋里装满金币的人，才有资格与这些人一起分享。

可是中国不同，在这个与我们宗教不同的国家的西部，宗教已经渗透进人们的日常生活，并不是简单得可以随时拿起放下的东西。这里的穷人坐渡船都是免费的（冬天住在重庆的旅店里，米饭是不收钱的），收取路费或者过桥费在他们眼中都是令人厌恶的。假如情况特殊，连住店的钱他们都可以不收。英国的很多地方都有如画的风景，却不允许人们擅自入内，因为它们通常属于某个非常有钱的人，而那里恰恰是他私人住宅的范围。中国不是这样，对所有人来说，它都是开放的。

温泉浴池旁边，有个大岩洞，里面向外流淌着清凉的泉水。洞口修建了一个镏金神龛，里面供奉着观音菩萨。拿着蜡烛往里走上50码，可以看到一个大屏障，估计是为了安全考虑放在这里的。中国人最欣赏80年前一位姓彭的人修建的宅院，离这里有几英里远。当年他斥巨资修建了这座又大又豪华的宅院，以至连同乡都觉得他不正常。而且，人们还提出证据进一步证明他的怪异——他每天早上都用凉水洗澡。既然有这么诱人的去处，我们何不去看看呢？

于是，我们踏上了去彭家宅院的路——彭河林。从温塘河谷出来，我们进入一个峡谷，里面长满茂盛的树木。温塘的水飞流直下，直达谷底，沿着笔直的河床向前流淌。彭宅倒未必有多美，可沿着峡谷前行的这段路还真是有趣。

30年前，那个让人又敬又怕的"妖怪"离开了人世，只留下这美好的宅院，随着时间的推移渐渐败落。可以想象，这个宅院当年会有多么耀人眼目，一定可以媲美最金碧辉煌的庙宇。大门前有个一英亩大的荷花池，如今被改造成了稻田。门前有个露天平台，现在已经塌陷了好几处。房间里的家具木器，能挪动的全都不见了踪影。花圃里面种满了白菜。花园里还矗立着当年修建的回廊，迷宫似的绕来绕去；桌椅是石头的，还完好地摆在那里；亭子是木头的，此时已经不见了踪影。园子里种的那些树木，都是一些名贵树种，我们连名字都叫不上来。其中有一种叶子毛茸茸的松树，这里的人称它是"猫尾巴松"。

这个大宅院由36个院子组成，宅院后面满是名贵稀有的树种，从房后一直绵延到小山顶上。远远望去，隐约能看到山上的小路，就算是风雨来临也可以在其间流连吧？四川北边的那个省，已经开始变成沙漠，都是那些毁坏林木的人造成的；现在，他们正努力着，想把有山有水的四川也变成沙漠。彭家种植的这些树木能保存到现在，而且长势良好，真可以算是奇迹了。

值得观赏的地方全都观赏完了，第二天我们就要回去了。伴着缥缈的山中云雾，拖着疲倦的身体，我们踏上了回家的路。

山里的雾湿气重，很快就把衣服湿透了。回想起来，这次圣诞的行程还是很尽兴的。不过，回到温暖的家里，围着炉子烘烤衣服更令人感到一种家的温馨。这里的气候非常潮湿，连空气中的水蒸气似乎都饱和了，不再蒸发水分。客栈里一年四季都有一股霉味。不管是被抬着走、驮着走，还是步行，只要是走在贵州和云南这条官道上的人，一遇到刮风下雨，都会对路上休息的地方非常满意。走在路上倒还能忍受，如果在这潮湿的夜晚，睡在风雨都挡不住的客栈里，简直是一种难以忍受的痛苦。

出门在外的中国人，居然能忍受这么潮湿的天气。这样的坚韧，同沉迷于鸦片的放任，同时存在于这个民族身上，不是很矛盾吗？欧洲人是无法忍受这种天气的，我们在这种季节只敢出门两三天，否则就受不了了。或许有一天，中国外出的条件会得到改善的。可是，我们这一代在中国生活过的欧洲人，还能看到那天吗？

中国人对生活的要求非常低，能活着对他们来说就是好的，就不会有什么怨言。他们会不会生活得更幸福些呢？我也不知道自己该不该有这样的疑问。

第十六章　艰苦的进藏之路

　　中国的城市总是因为一些旅行家的路过，而变得更加丰富多彩起来。在中国住久了的外国人，往往会变得很沉默，无法给你讲出些有意思的事来。可外国旅行家不同，你可以从他们那里听到很多在城市里见也没见过、听也没听过的事情。一连几天，我们都围着旅行家，跟他倾诉我们在中国的种种经历。我们也请他讲讲自己都去过哪里,有哪些经历和见闻。你会觉得跟他们在一起有无数的话题，内容更是丰富多彩。大多数旅行家都写游记，并不断为自己的游记收集资料。将来这些游记出版的时候，肯定会让世界知识宝库更加丰富多彩的。

　　有两个旅行家和我说了很多有意思的经历，但还没有写出来。不过我相信，未来的读者一定会喜欢读他们在中国的那些旅行见闻的。他们中的一位是安妮·泰勒小姐，中华内陆传教会的一员。去年春天，她准备回英国去，从西藏出发路过重庆。西藏的路程她走

160

了将近一年，因为严冬时节的西藏穿越起来非常困难。不仅如此，食物和住房也非常稀有。在恶劣天气的折磨下，即使最强壮的人也会倒下。她这一路上，的确经受了令人难以想象的艰苦与磨难。不仅如此，她的中国仆人还残忍地背弃了她，令她陷入绝望的境地。幸亏遇到了几个像骑士一样的西藏人，否则她肯定已经死掉好几次了。她具有坚定的决心、异于常人的冷静和意志力，所以极度的寒冷与饥饿都没有将她击垮。

泰勒小姐中等身材，棕色的眼睛非常有神采，一看就是典型的撒克逊人。她的皮肤是典型的旅行家的颜色，神态也满是旅行者经历磨难之后的平静与泰然自若。她生动的表情与闪烁的眼光告诉我们，她还是个富于想象、精力旺盛的女子。看起来她的身体很单薄，可是她的活泼与勇敢，肯定让那些至今生活在蛮荒时代的藏族人印象深刻。对西藏的百姓和文化，她非常着迷，很希望能把在西藏知道的一切都介绍给英国人民。

在拉萨，她被困了整整三天，幸亏一位藏族教民向她伸出援手，否则她可能会送命的——那样一来，我们也就听不到她讲述自己的旅行见闻了。泰勒小姐曾经在甘肃雇用了一个回民，可那人半路跑了，她只好只身一人远赴西藏。1887年是她第一次进藏，当时她打算从印度半岛出发，可锡金还不在英国管辖范围内，当地政府不仅不为她提供便利，还不允许任何人帮助她。虽然她手里有钱，却经常挨饿，因为什么都买不到。后来她发高烧了，不想吃东西，用过奎宁后烧退了，可怕的饥饿却接踵而至，令她更加难以忍受。连续几天吃不到饭的情况经常有，饿到极点，她只能靠捡东西填填肚子。那些都是心地善良的人故意撒落在地上的，因为大家都被禁止卖东西给她，更别说送给她吃的了。不仅如此，有两次她还险些被人下毒致死。整整十个月，一个欧洲人都没有出现过。

另外一次进藏，是她再次攒足了勇气之后。这次她先坐船沿着长江逆流而上，然后走陆路来到西藏桑坝。在那里她住了整整一年时间，这期间几乎不怎么出门，经常在家里招待藏族朋友。听说她要去拉萨，很多藏民朋友都热情地要陪她去。进藏前，她雇用了一个回民，名叫诺加。另外她还带上了四个随从，两顶帐篷和十匹好马，并答应回来的时候把这些马都送给诺加。结果，正是这些马，给她带来了无尽的烦恼。

起初，来了一伙骑着马、穿着白皮袄的土匪，袭击了他们。有两个人在混战中被土匪杀死，八个人被打伤。她的五匹马死了，钱财东西也丢了不少。幸亏一个喇嘛大喊一声："她是女人！女人啊！"土匪这才罢手，否则肯定会把这一行人全部杀死。在蒙古人和藏族人看来，欺负女人是要被唾弃的。所以，他们中的男人必须随身带着武器，女人却可以空手上阵。泰勒告诉我们，在藏族宗教中，杀生是大忌。不仅仅人的生命不能伤害，大到绵羊，小至跳蚤，全都不能伤害。在他们心目中，一切生命都要受到尊重。

9月28日，这一行人跨过了黄河。黄河水流急、河道窄，于是他们在架子上放好充了气的牦牛皮口袋，自己坐在上面，让马拉着过河。河水不断从皮筏子旁边涌上来，凉得刺骨。河对岸就是格洛克地区，也就是说他们一上岸就进入了满是强盗的地方。不过，格洛克人从不抢劫自己地盘内的人，所以泰勒他们暂时还是安全的，还能欣赏一下沿途秀丽的风光。穿过这个地区之后，情况就不同了。在西藏，如果雇来的牛马因意外或生病死去，你必须赔偿；可是，假如被格洛克人偷走，就不一样了。

　　格洛克政权掌握在一个女人手里，她的管理很严格，禁止在领地发生任何贿赂行为。因此，格洛克人非常拥护她。不过，随着思想不断开化，她也会被利益所迷惑吧？

　　听说曾经有500个俄罗斯人经过格洛克地区，首领派人去偷袭，结果俄罗斯人毫发无损，他们自己的人倒死了12个。还有人说，这里曾经来过一个旅行者，身上带着一个锡制的箱子。格洛克人很想得到那个箱子，却担心箱子里会钻出一支军队。结果错失良机，没得到箱子，他们心里都相互埋怨。泰勒小姐这次也带着两个带抽屉的箱子，格洛克人同样觉得很神秘，猜想里面是不是藏着军队。再加上关于泰勒小姐在当地有很多传说，所以格洛克人对她有些畏惧，并没有侵犯她。经过这个地区的时候，她非常安全。

　　有一天非常冷，皮肤碰上金属的刀片就会冻得粘到上面。一个回民随从病得非常重，即将离开人世。依据回族风俗，将要离去的时候，一定要洗净身体才行。这么冷的天怎么给他清洗身体呢？不过，他们还是照样洗了，只是这么做似乎让那个人死得更快了些。埋葬也是个问题。他们找来找去，发现了一块沼泽地，幸好是初冬季节，还有能挖得动的地方。在狼群到来之前，他们迅速把他埋葬在了这里。埋得不深，上面还盖了些草。之后，一行人就继续往撒加卡方向前进了。

　　在路上，泰勒小姐他们又遇到一个500多人的劫匪团伙。在这些强盗眼中，集团性抢劫很正常，而且是正当的，小偷行为才让人唾弃。于是，泰勒小姐也成为这个队伍中的一员，以此来保证自己一行人的安全。穿过德尼楚之后，泰勒小姐以为到了长江的源头。加勒就在眼前，房子依山而建，风格很奇特。每所房子的屋顶，恰恰是后面一所房子的露台。大概这里的田地从来不施肥，因为连石头都没捡出来，就那么随意地耕地播种了。大部分地里种的都是青稞，隔一年播种一次，之后就随它自生自灭。在这么冷的天气，很多藏族百姓依然住着帐篷。

当藏民听说泰勒小姐要去拉萨的时候，几乎全都跑来劝她别去。他们说，那里发生了战争，到现在还没停息。可泰勒小姐坚持要去，还说战争已经结束，停战协议也签订好了；况且，战争不会波及旅行者的。那个叫诺加的回民随从，就是在这里开始对泰勒小姐不敬的，有好几次都不服从她的吩咐。更过分的是，他还威胁泰勒说要动武，甚至把剑都拔出来了。又是藏民，在这危急时刻救了她。藏民还对她说，头人是不会保护她的，他们会一直送她去西藏。原因就像他们说的那样："是不是外国人倒没什么，关键是你是女人。"

用整整一本书，才能写尽泰勒小姐在西藏的所有经历。那个回民诺加离开的时候，把能带走的全都带走了，泰勒小姐只好变卖身边的东西，来支付路上的费用。最后，这一队人马连帐篷也没有了，还经常好几天都找不到路，到处乱撞。

12月24日那天，他们终于找到去西藏的路，于是利用休息时间庆祝了这个山中圣诞节。泰勒小姐高山缺氧很严重，在去西藏的路上，不停地喘息着，浑身是汗。食物只剩青稞了，她却没法消化。泰勒小姐有一根镶满宝石的金腰带，之前那个诺加经常跟别人吹嘘这个金腰带，弄得他们一行人白天不敢赶路，只能晚上再走。夜里气温骤降，茶水几乎刚倒出来就冻上了，那种寒冷简直令常人难以忍受。三天的行程，他们只在半路上的一个小山洞里休息过一次。山洞非常狭窄，刚好能让他们躺下休息。生火的时候，烟都跑不出去，把他们呛得不停地咳嗽着。

终于，12 月 31 日，他们来到了拉萨。诺加比他们抢先一步到达这里，并且到处宣扬说泰勒小姐要来了。这算他做的好事吧！有个军官得到这个消息，从拉萨赶来见泰勒小姐。他所在的地方，离泰勒小姐驻扎的那干主喀有三天的路程。刚刚见到泰勒小姐的时候，这个军官并不友好，交谈之后，他的态度发生了很大转变。对于诺加的背信弃义，军官义愤填膺，还对另外两个随从进行了审讯。

这位勇敢的泰勒小姐，救了那两个藏族人的命。她对我们说，当时诺加诬陷那两个人不讲信用，背叛旧主——这在当地是可以送命的罪行。为救这两个人，她以英国妇女的尊严让众人对她肃然起敬，并相信她所说的话。尤其是军官，不仅完全信任她，而且放过了那两个藏族人。西藏地区的头人们给泰勒小姐传来消息说，欢迎她到拉萨去。可是，如果她真的去拉萨，或许会丧命吧？

在她回去的时候，头人们不仅派了九个士兵和一个军官保护她，还为她带上了很多旅途必备的东西。在他们看来，保护她是担心有汉人来袭。从这一点可以看得出，藏族人喜欢英国人，对他们很友好。当这些藏族人听泰勒小姐说，锡金战争时双方俘虏的生命都有保障，而且有吃的，还有回家的路费时，都惊讶极了。他们说，如果再发生战争，也想去做俘虏。

他们回去时骑的马都是喂羊肉、奶茶和奶酪的，泰勒小姐买不起这些饲料，马被饿得脚下发软。后来，他们幸运地遇到一个赶着牦牛的商队，大概有 200 头牦牛。泰勒小姐与这支商队一起，穿越了积雪达到 20 英尺深的高原。

泰勒小姐于 1 月 22 日从拉萨出发，到达打箭炉时已经是 4 月

12 日。对于一个女人来说，这期间得经历多少艰难与痛苦啊！在藏族宗教中，女性神职人员被称为"安妮"，头发都剪得非常短。藏族人都管泰勒小姐叫安妮。藏族的姑娘结婚后，会带着孩子住在父亲家，丈夫会像做客一样来到老丈人家，看望自己的妻子和儿子。而孩子则都算是女人父亲家的。这些姑娘都不止一个丈夫，甚至会是兄弟几人的妻子。另外，男人们还可以和安妮们约会。藏族人不会像汉人似的，将女婴儿杀死。小伙子们大部分都会做喇嘛去，姑娘们也有去做安妮的。不过，更多的女孩是住在父亲家里，做了"年轻妈妈"。

泰勒小姐来到西藏，是为了将上帝的福音传播到这里。去的时候，她心里很平静，没什么顾忌；回来的时候，她仍然是坦然的。这就是传教士公开的风格，不用隐瞒什么。

同这位女士给我们描述的西藏比起来，任何一本书里的介绍都是那么逊色。由于去西藏传教是件过于困难的事，而她又想继续传教给藏民，所以此时她到印度与中国西藏交界的地方去了。后来法国人终于在西藏建立了传教基地，这都是在法国领事的不断努力下完成的。

不过，在我看来，这一切对改变西藏人的信仰不会起到太大作用。

阿拉斯加的马哈鱼罐头厂，加拿大的铁路工地，还有美国的洗衣店里，都有不少中国人。如果在他们中间传教，肯定能收到更好的效果，起码比在中国好。第一方面的原因是，这些地方的中国人对基督教不会因为有成见而抱着敌对心理。第二方面，由于离开自己的国家时间太长，生活习惯、看事物的方式等或多或少都会受到当地人的影响，因而悄悄发生转变，所以他们对基督徒很少有成见。身在异国他乡，如何生存是他们首先要考虑的问题。由于生活的重压，基督徒会成为异教徒；而这些中国人，也在逐渐受到基督教的影响。这时趁机帮他们一把，不用花费太多力气，他们就会变成真正的基督徒的。

由于多年生活习惯和环境的原因，没有离开过故土的中国人就不容易转变了。几千年的思维习惯和定势，加上家庭观念的影响，一时很难真正摆脱。我在打箭炉见过许多好看的藏族少年，不过那应该不是真正的藏族人，而是梅里亚部落没开化的土著。

普鲁恩夫人与安妮·泰勒小姐一样，不能算真正的旅行家。她是中国内陆传教会的，曾经在贵州生活多年，那里就有很多原住民。中国人征服其他部落的时候，总要将对方同化成与自己一样的人，在风俗习惯等各个方面对其进行影响与限制。而贵州却不同，生活在那里的汉人对待原住民像对外国人似的，根本看不起他们。土著们主要居住在山区，高高的石像就是他们尊崇膜拜的对象。在云南也有很多这样的部落，实际上英国的康瓦尔郡也是这样的，没有什么太大分别。这几个地方的土著居民，会不会来自同一个祖先呢？布勒尔先生曾经对中国西部的这些部落做过详细的介绍，不过很可惜，他的手稿在暴乱发生的时候弄丢了。现在仅存的就是普鲁恩夫人的一些记录，因而显得异常珍贵：

每到 2 月的时候，苗族人的节日聚会就开始了。会有上千名苗族土著聚集在一起，欢庆节日。连续三天，他们都在唱歌跳舞。据说这实际上是一种宗教仪式，美普耳地区那种古老的英国舞蹈与这个非常相似，只是苗族人的显得更加郑重。

吃过早餐，两个当地妇女陪我们坐着轿子出发了。从贵阳城出去没多久就开始走山路，一个上午只走了三里。山坡上荒凉得很，光秃秃的，山谷里种满了鸦片、油料植物还有豆类。远处还有一块荒掉的地，似乎是留着种水稻用的。山路越来越不好走，我们只好下了轿子，开始走路前进。一路上坡、下坡，顺着蜿蜒的山路走出10英里，太阳快要下山时，我们到达了一块群山之间的高地。一个在这里开煤矿的中国人非常热心，极力邀请我们住到他家里去。

我们旁边的屋里也有几位客人，是带女儿们来跳舞的苗族女子。第二天上午，这些妇女用了整整四个小时穿衣打扮，跟英国女士准备参加舞会前的化妆似的。她们的衣服从里到外好几层，全都是黑色的。衣服和裙子上，有很多用彩色丝线绣出来的图案。她们的上衣是露胸的，就像水兵服一样敞着口；裙子有些像苏格兰短裙，不仅褶皱很多，而且比较短，刚好把膝盖盖住。她们的头发在一边盘着，上面插着服帖的发钗。未婚的姑娘头上还缠着白手帕，脖子上挂着父母给她们从小就戴上的银项圈。

中午，跳舞活动开始了。周围的山里一下子涌出许多成年的姑娘和小伙子。他们穿着蓝色或黑色的长袍，腰里系着非常好看的绣花腰带。跳舞的时候，这些彩带就在姑娘、小伙子们的身后飘舞着。姑娘们的头上满是银饰，光着脚，只在脚腕上系一条绣着花的布。那些年轻的小伙子，每人拿着一根六个管的笛子，吹奏出来的声音与手风琴的低音非常像。

整整三天，这些年轻人跳的舞蹈都是一样的。每5至7个人一组，围成大圆圈跳。小伙子先用笛子吹几个小节，之后把手一挥；姑娘们则先是轻轻推了一把自己身边的小伙子，后又拉着他往左边走几步，停下；小伙子再吹一小段笛子，将前面的动作全都重复一遍。结束的时候，大家又围在一起转上好几个圈，表示舞蹈终结。太阳下山之后，每个人都得回到自己临时的住处。跳舞的时候，舞伴间可以相互交换礼物，所以第二天有的姑娘或小伙子的脖子上就会有 20 个银项圈呢。

1894 年 3 月的这次黑苗族的聚会，大概有 400 名姑娘和小伙子参加。而且连续三年，聚会的时间和地点都一样。他们在聚会上展示的手工绣品精致美观，样式非常多。与汉族刺绣不同的是，这些绣品是用五颜六色的丝线在当地出产的棉布上绣成的。欧洲根本看不到这样的东西，所以在欧洲人眼中非常珍贵，其价值与镶着珠宝的绣品没什么区别。

苗族的银饰很有特点，一般是买不到的。如果实在想要，只能亲口跟苗家人去说。一个人为了帮我找些这样的苗银，从贵阳出发走了五天时间才弄到。苗族妇女有一种背孩子用的绣着图案的背带，据说要花费一年时间才能完成。我相信这是真的，因为的确绣得非常好！

普鲁恩夫妇还赶在收割水稻之前参加了壮族人的集会。据说是为庆祝丰收的节日，实际上年轻人追求爱情的活动也不少。这种集会中很少看到老年人，年轻人才是主角，他们都穿着自己最漂亮的衣服出现在大家面前。苗族服装的式样与汉族差不多，只是这里的女子与别处不同，没有裹脚。另外，几乎所有人的头上都围着黑色的头巾。每天有很多人聚集在我们住的旅馆外面，不远处的集会上人更多，差不多有好几千人。

夜幕降临的时候，那些姑娘、小伙子就会各自分组，开始对歌。由于他们的语言与汉语完全不同，所以我们根本听不懂在唱什么。这些人的衣服分为好几种样式，大概来自六七个不一样的部落。白天的时候，我们旅馆对面的街上，有小伙子边吹笛子边跳舞，姑娘们则站在一旁围着看。这些姑娘们的衣服，做工非常精细，样式端庄秀丽。她们头上缠着黑色头巾，身上穿着黑色的裙子，还镶着精致的白边。裙子的后半边比前半边长，下摆是圆形的，打着很多褶。走路的时候，裙摆晃来晃去，就像戴着衬裙似的。

同青苗族人一样，安顺的黑苗族人的脖子上也戴着项圈。我看过青苗族人跳舞，他们身上都佩戴着银饰。据说他们的银饰每盎司的加工费就要一盎司白银。之所以这么贵，是因为上面有很多做工轻巧的小鸟之类的装饰，都是银匠们一点点加工上去的。他们胸前还有条很长的银链子，一跳起舞就会来回晃荡着，跟中国官员的那些玉带似的。有的男人戴的项圈太多，脖子都弯不了。

妇女们非常珍视自己绣的裙子，从来不愿出售，所以如果想在这里买裙子，那可太难了。当然，也有些住在城里，靠摆摊卖裙子为生的人，她们大概是土著部落的，穿的是修改之后的汉族服装。裙子大概7码长，棉布的，后背绣着图案。上衣在裙子外面套着，松松垮垮地在背后系个扣。她们中的很多人，头上和身上也佩戴着很多银饰。但也有一部分妇女生活贫困，所以戴不起银饰。我们看到，在跳舞的时候，有的人身上的银饰几乎有40盎司重。黑苗族人连鞋子都穿得少，更别提袜子了，几乎不穿。侗族人的鞋子很有特点，鞋尖很尖，跟广东和广西人的鞋子似的。

每年三月，是黑苗族人跳舞的日子。跟青苗族人不一样，小伙子们每5至7个人一组，拿着笛子，被姑娘们围在中间。最外面的一圈，是由他们的父母和朋友组成的。小伙子们领舞，姑娘们在后面跟随，他们的舞步与苏格兰里尔人的很相似：都是一只脚跺三下，换另一只脚跺三下，之后原地转圈，转三次。

第十七章　布置餐桌比赛

我们正前往一个港口，观看在那里举行的布置餐桌的比赛。有趣的是，参赛者是中国的男仆，而非欧洲女士。正在比赛的两个年轻人，一个是北京的，一个是宁波的。经过他们的精心布置，餐桌竟然漂亮极了。应该说，他们的艺术品位都很高。

宁波小伙子最擅长平面布置。一只碟子里放上一丛叠好的玫瑰花，不仅有叶有花，还有花骨朵，并用宽菜叶做出了花茎。碟子旁边有一条用餐巾纸折成的蛇，红色的眼睛是用果子做的，竟然还露出黑色的眼珠来。蛇的对面是用餐巾纸折成的狼。还有个盘子里面，做的是一幅如诗如画的田园风光。最后还有一种用几片花瓣做成的植物，整个画面都是扁平的。

在这种平面图案方面，北京小伙子不如宁波小伙子，可他也有令人赞叹之处。北京小伙子在桌上放了一圈花朵，中间立了一束紫红色的玫瑰。果盘做得非常好，是用同色调的花和水果装饰的，只是颜色略深。在他的精心布置下，整个桌面的色调都是紫红色和橘红色，在白色桌布的映衬下格外美丽。另外，这个北京人还用红线串起了很多花朵，随意地围在桌上的物品周围，将整个桌上所有的装饰连成了一个整体，简直令人赞叹。就算到任何花展上展出，这都将是杰出的作品。

不光前面提到的这些，北京人还用软软的叶子做了个蝎子，栩栩如生地趴在桌子上；另外还有一条同样材质的龙，也盘在桌上。一只蜜蜂是用桃花做的，花蕊做成了蜜蜂的须子。最后，他还在每位女宾面前摆了一束玫瑰花，花骨朵上放着一只翅膀翘起的蝴蝶。假如哪只蝴蝶的翅膀掉了，北京人会立刻再做一只，令人吃惊的是新的蝴蝶居然有四个翅膀。

这两个年轻人布置的桌面，都让宾客们有种如入画境的感觉。左边是一幅画，右边也是一幅画，中间还点缀着些小动物。如此具有个人特色而又精美的桌面布置，在英国可能不会引起什么轰动，但是在上海就不同了。因为上海向来在这方面不讲究，还不如中国其他地方，更别说巴黎了。

中国的读书人或者有管家的商人家，很重视婚礼餐桌的布置，既要有讲究，还得新颖。他们在桌布上用彩色的沙子或锯末弄成一条带子，再往上面加些装饰。整个桌面看起来像是一条紫色的彩带，刻板但是也很赏心悦目。婚礼上，新娘将把脸贴在沙子上；而新郎则会与自己桌上的沙子告别。在英国，是没有这种风俗的。不过，我关心的不是这个，而是那两个男仆。这些布置桌面的方法是谁教给他们的呢？这些平面风景画是在哪里练成，又经过什么人的指点呢？在中国，除了婚礼和宴会，我从来没有见过在饭桌上摆放鲜花的。

当然，中国的妇女和小姑娘的确喜欢花，不光头上，家里的花瓶中也都插着花，可放在饭桌上还是头一次看到。

中国人不喜欢用桌布，我们用的白色桌布就更不行了，因为在他们眼中，白色代表的是丧事，跟喜庆和节日一点也不沾边。在他们心中，颜色不同，代表的含义也不同。日本人更干脆，连桌子都没有，更别提桌布了，当然也不会有什么漂亮的餐具。日本人吃饭时都是跪着的，给他们面前放上花瓶插上花，或许能说得过去。中国人吃饭的时候是不摆花的。

我曾经考验过一个中国小伙子，他没见过外国餐桌。我只跟他说了一句话："把桌子收拾得好一些。"结果，他就把桌子布置得非常漂亮。有一次，我们买回些柚子，仆人们将柚子肉掏出来给大家吃，剩下柚子皮并没有扔掉，而是往里面放上一截蜡烛，做成了一个好看的柚子灯。它简直比我们从伦敦带来的小彩灯还要吸引人。就算是个苦力，只要听明白你准备把桌面布置成什么样，他也能很快为你摆放好。似乎可以总结出一条：文化素质越低的中国人，受欧洲文化影响越少，他布置出来的桌面艺术性就越高。在他们心中，怎样布置花似乎非常有原则性。有的孩子布置桌面的时候，喜欢用已经凋零的花朵。对这点我不太理解，枯叶的颜色不是更加丰富吗？为什么非要用凋零的花？况且，干枯的花朵意义好吗？

中国人同我们比起来，在颜色的敏感度上有很大不同。中国年轻有钱的少爷，总是穿得很鲜艳，就算是那些时髦女性在他们面前都显得没有光彩；伦敦那些有钱人家的孩子则不同，穿的衣服往往是纯色的。我总觉得，大概不是中国人在色彩的感觉上出问题了，而是我们。中国人用德国染料染他们那些刺绣的东西，之后送到欧洲

173

市场销售。这种颜色的东西，我们非常喜欢，而德国的染料价钱也不贵。所以应该说，他们对色彩的感觉是没问题的。中国的刺绣，尽管在色彩上与苗族土著人的无法媲美，但是比起帝王皇宫的屋顶和英国议会来漂亮多了。

第十八章　传教士的职责

　　在中国，大概没人会问"传教士的职责到底是什么"这样的问题，可英国经常有人提起。1899 年时，我曾经沿着长江做过一次旅行，并记录了沿途的见闻。或许其中就藏着这个问题的答案。

　　当时我经过的第一个港口是清江。美国循道公会的女子学校，是清江比较有名的建筑。这个学校的音乐教师是个很会教学生、活力四射的人，而姑娘们的嗓音又圆润高亢，能自如地唱出所有的音。其他学校对他们非常羡慕，并且感慨音乐的魅力实在是无穷无尽的。如果你在清江碰到些看起来面带善意又很文静的年轻女子，身旁的人就会告诉你："这个女孩子就是罗宾逊小姐的学生！"同时脸上都会显出一种赞美的神情。我心里想，这对那位杰出的女子学校的校长来说，应该是最高评价了吧？很多已婚女士拥有了幸福的婚姻，全都把功劳算在了罗宾逊小姐对自己的教育上。

　　如今正在上课的女孩子们，大部分都是从这里毕业的女生的后代，她们正在上母亲曾经学过的课。罗宾逊小姐很希望将来能继续教育这一代学生的女儿们。从这里毕业的女孩子都非常爱干净，不仅把家收拾得整齐洁净，还在院子里种了很多花——很多普通的中国妇女做不到这些。罗宾逊小姐教育出来的女孩子，全都动静皆宜，娴雅而又不失活泼。即使不相关的人也能注意到，这些姑娘们身体健康，散发着青春的魅力。你只要看上她们一眼就会明白，她们比中国其他的妇女要幸福得多。

这所女校共有 70 名学生，而旁边的男校人数比她们多得多。所以，女孩子们的父母根本不用为女儿的婚事操心。前两天，天主教女校还把来校上学容易找到婆家作为理由，鼓励进入学校的女生放开缠足。我不明白，为什么美国新教能做到，而天主教就不能做到，难道是新教教徒的影响力更大？不过，天主教学校也在慢慢提升自己的影响力，这让我心里稍稍有些安慰。长此以往，别人可以做到的，他们一定也没有问题。

九江开了一所美国学校。那里的学生没有清江的唱歌好，但是她们的健美操倒值得一看。想想看，60 多个活力四射的女孩子优雅轻快地起舞，该是多么美妙的事！上课之前，这些女孩子们不是踢毽子就是跳房子，又活泼又快乐。我看了，心里很高兴。学校里还有四个四岁的孤儿，她们全都穿着蓝白相间的衣服，圆鼓鼓的，像是四个关节能动的小木偶，可爱极了。

九江还有一所很大的学校，专门培养女教会人员。有些小孩子被直接送到美国去，在西方社会接受教育。曾经有两位在美国接受教育的女性——年轻的石医生和康医生，分别以优异的成绩拿到了行医资格证书。现在她们回到故乡，开了家医院，过着忙碌的行医生活。这些学成归来的女士，是就此大门不出在家里做太太，还是夜里也不得不到很远的地方去出诊呢？当然，还有一种选择，那就是在大讲堂里用温柔的嗓音讲课。我不知道这些选择哪一个更值得人敬佩。

石医生懂得园艺，养菊花是她最爱，也是最擅长的。她用自己的手艺，把花房两侧的菊花侍弄得非常漂亮。这两位年轻医生都说着一口纯正的英语，石医生的中文相对更好些。我不禁有些担心：这些被美国同化的中国人，到底会有怎样的出路呢？此时，又有两个女孩子到大洋彼岸去学习了。

杰克逊先生是一所男校的校长，学生都是年轻小伙子。这所学校非常大，很像是个学院。为了教好学生，杰克逊先生几乎投入了自己的全部。在他的悉心教导下，小伙子们应该会有成就吧？不过，没多久杰克逊先生就被调走了。这让很多人难以接受，无法适应。

斯图尔特博士是南京一所大学的校长。他们那里的教学设备都非常先进，令人羡慕。我上学的时候，根本没有地球仪，他们的仪器不仅可以看地图，而且能演示月亮与行星如何公转。我学过的很多科学原理，从前都不能被演示，现在用这些设备几乎都可以做到了。不仅如此，这里采用的是先进的教学方法，目的是最大限度地发掘出学生的潜能。所以，这里的学生看起来全都器宇轩昂、出类拔萃，完全不同于一般的中国青年。另外，这里还教授英文，学生坐的椅子也非常舒服。

南京有至少三家医院和一所人数众多的女子学校里的女孩子全都不缠足。我想，其他几所学校也应该是这样的。大部分学校的房子，都是教师们的朋友捐钱建的，并没有使用传教资金。其实，我对调查传教工作并没有兴趣，只是想记录下大家都感兴趣的所见所闻而已。

对芜湖来说，最有特色的就是传教团的建筑。如今他们的风格更加张扬，规模也更大了。芜湖城外的一指山那里，就有一些房子。那是维吉尔·哈特大夫离开美国传教团之前买下的土地，并为传教团盖了这些房子。这些建筑远看很有气势，实际上房子并不雄伟，而是它的地势与维吉尔·哈特在房子周围种的那些树木让人产生了这样的感觉。如今，芜湖山上又建起了很多建筑，都是传教团或者传教联盟盖的。我心里想：传教必须住在豪宅里吗？传教团想给中国人留下的第一个印象，就是在城市周围建堡垒吗？山顶有一座新建的医院，是新教教徒修建的，规模非常大。医院的出资人是易格顿·哈特医生，里面设施齐备，最多可以容纳70个病人。尽管同别的建筑比起来，它已经很豪华了，可哈特还打算继续扩建。

5年来，哈特医生一直用自己行医的收入，来维持山上医院的日常费用。这种做法有几个人能实行呢？哈特先生是海关的专职医生，来找他看病的既有中国人也有外国人。中国病人对自己的医生总是充满感激，并且还会记得表示感谢。李鸿章大人就曾经给哈特太太送来很多礼物，其中还有一套银质茶具。有个病人一开始说给医院捐助1000大洋，后来又变了，打算每年捐助1000大洋。哈特夫妇的客厅布置得非常漂亮，到处都是价值连城的瓷器。这足可以说明，哈特先生在中国行医非常成功，中国人很信服他。中国人看重的是疗效，而不是医生救死扶伤的美好愿望，他们不会为后者付钱的。

人们总会问，中国人会因为你帮他而感谢你吗？我的回答是：

会的。中国人总是感激那些曾经帮助他们的人。

住在中国的欧洲人，有多少听说过南昌府？我是前天才听说。假如没有听过南昌府，那么江西的九江应该比较耳熟，南昌府也属于江西，是它的首府。郝小姐是九江名人，她对我说："南昌府的一个名人去年说，想请你有时间去那里做个演讲。"我连忙回答："哦，那应该是戊戌变法之前的事了。"后来，听说美国传教团的尼克尔斯夫妇就在南昌，有老朋友在，不去看看，不大合适。刚要动身，又听说传教团要在南京举办个年会，尼克尔斯先生赶去那里了。于是，我又有理由不去了。

但最后我们还是去了南昌府，坐船去的。一个在美国学习了5年的小伙子，愿意给我们做翻译，所以一同前往。我们坐的那艘船，船主姓赵。他很有开创事业的激情，不仅在鄱阳湖上开客船，而且又争取来一项用轮船拖船的货运业务。内陆的水域，一般是禁止拖船用的轮船行驶的。他的货运权争取到10年，所以在疏通港口河道上要花费很多钱。五年后，鄱阳湖上又出现了一艘客轮，属于另外一家航运公司。这艘船不仅比赵的客船更舒服，而且可以随意使用赵花费了重金疏浚的港口，还不用交一分钱。生活就是这样！维吉尔在几百年前就曾经说过："你无力拒绝。"

下午4点我们离开九江，到达南昌府已是第二天凌晨4点。本来以为会在沿途看到许多有意思的事，结果没什么可以记下来的。顺着长江极目远望，湖口和大孤山的景色美极了。轮船上要装煤，耽误了点时间，所以，经过湖口和大孤山的时候，天已经渐渐黑下来。第二天是在吴城装的煤，又耽误很多时间。吴城这座城市很重要，城外到处是桅杆，城内有一座非常有名的塔，很精致。从吴城继续前行，到了一处地图标注是湖区的地方，可眼前看到的不过是个浅浅的河滩，一道道的黄沙中间满是芦苇，白色的鸽群在空中飞来飞去。进入内河的时候，矗立于群山前面的南昌府就映入了我们的眼帘。

尼克尔斯先生的房子很特别，又建在城外，所以从很远的地方就能看到。这是一所可以俯视赣江的房子，很是诱人。虽然这所房子的规模和面积都不算很大，但是在微冷的北风中仰望它，不免还是被它独有的气势震慑住了。听说起初盖房子的时候，所有的设计师都不知道该如何下手。

中国人自己出资建造的教堂，是南昌城里最引人注目的建筑，里面供奉着我们共同的天父。

尼克尔斯先生来南昌快三年了。他不只城外这一座房子，城里也有。每年他都要在城里住半年，然后再去城外新房子里住六个星期。他只有两个外国助手，一个是阿伯特小姐，另一个是他的妻子。他的妻子负责照顾三个孩子，不仅要给两个大的孩子上课，还要寸步不离地照顾小的那个，所以基本上帮不了尼克尔斯什么忙。这三个人负责的教区，大概有好几百万人。要想让这些人的思想全部改变过来，真有点像做梦。不过，这里已经产生了一大批中国牧师。南京将要举办传教团年会，大概会有 20 个中国牧师去参加吧？我想，这里的教徒大概很积极，因为祈祷场如今已经有 36 个之多了。

在中国，美国传教团的教区一共有 12 个。这些教区的房子，美国人没有花一分钱。直到现在为止，唯一掏过钱包的是尼克尔斯先生，他给传教团捐献了 559 个大洋。其他的经济来源，就靠那些中国基督徒了。一般情况下，中国人自己建造的教堂都位于比较贫穷荒僻的地方。不过，教堂一点也不破，去的人也不少。南昌府是个经济发达的城市，街道四通八达，满眼都是富裕繁华。在繁华的城门外面，坐落着富丽堂皇的万年寺。这里是南昌府最重要的戏园子，寺外就是一个很大的市场，如同东京的集市。在如网状交错的街道上行走，有种置身于皇家宫苑的感觉，尽管并不宽敞，却处处精致动人。

中国基督徒正在万年寺对面修建新教堂。钟楼全部用玫瑰红的砖块砌成，是南昌第一座红砖建筑，高40英尺，上面还加了尖顶，窗户和门都是拱形的。教堂里大概可以容纳300人做祈祷。新教堂旁边是一个临街的能容纳200人的教堂。由于紧邻大街，它的门只好采用折叠式。教堂楼上住的牧师全是中国人，他们的卧室正对着熙来攘往的城门。城外那些人，做买卖的，变戏法的，简直应有尽有。

万年寺前面有一块比寺庙本身还大的空地，上面立了很多红色的杆子，据说是用来感谢庙里法师的。一些变戏法的和唱戏的，在这里休息。

中国基督徒建造的新教堂，很快就要完工了。一个是佛教寺庙，一个是基督教堂，谁会占上风呢？

在南昌城另一条繁华的大街上，原来有座小教堂，现在被推倒，又建起一座可以容纳300人的大教堂。我们到达的时候，这里刚刚举行了新教堂的落成典礼。不过，此时正在进行粉刷工作。这座新教堂非常高，屋顶是铺椽子的，显得朴素大方。

我的演讲在一个下午举行，是在一个教堂里，200多人参加了这次活动。演讲的内容是关于反对缠足的。我站在台上，把台下所有的听众都认真审视了一遍。大概演讲内容与女性有关，所以女性听众明显多于男性。其中不乏衣着整齐得体、仪容端庄的女性，以及能认真听演讲的男性。剩下的，大部分看起来都是读书人的样子。

妇女们坐的位置比较好，只有左边和最后一排留给了男性听众。主持人是一个精干体面的商人，虽然有很好的生意，却非常想正式成为一名牧师。他身上具备演说家必备的素质——感情充沛、语言丰富而生动。

有几位妇女拒绝加入天足会，因为她们的脚已经放开了，觉得没有必要再入什么会。有的人借口说没有带钱，所以没办法入会。还有的说自己不是本地人，所以拒绝入会。我想，假如她们能谨慎考虑，肯定会愿意加入的。我来南昌府的目的并不是演讲，现在写下这件事，只当记录罢了。

丰城县也有教堂了，是用佛教寺庙改造成的，已经有12个人在里面接受了洗礼。旁边还有一座大些的庙宇，可现在里面的佛像都被搬走了。因为大家一致认为，不能让佛像离基督徒祈祷的场所太近。城里一些老人正在考虑，能不能把这座大点的庙宇也改建成教堂。如果能够实现的话，我们将会看到一座能容纳1200人的大教堂。

传教团在建昌府收到了市中心殷宫遗址图，是基督徒送来的。不久前，尼克尔斯先生给那里的10个教徒做了洗礼。怪不得他拜见南昌知县时说："同教堂联系在一起的人，都是这座城里最好的人。"

在南丰县，又有13个人接受了洗礼，其中7个都是读书人，并且已经取得了功名。人们打算再修建一座教堂，但是传教团得答应派牧师来传教才行。

明年，湖州府的人也要建一座教堂。湖州教区入教的人数已经达到402人，还有1732人即将入教，更有4000人在打听入教都需要哪些手续。仅仅今年一年，教区收到的捐款就已经有6368块银圆。整个教区的资产，总共达到了15000块银圆。

湖州教区的工作，是在 1896 年开始的。对教区传教士的评价，有这么一句话可以窥见一斑："功劳是主的，在我们看来，这工作是非常神圣的。"这肯定不是在贬低他们吧？传教的成就如此耀目，背后会不会存在什么险恶动机呢？比如不择手段地争取外国人的支持，只是为了反对天主教？有人说，中国的天主教徒都不简单，或者是社会地位比较高，或者手段毒辣。如果真的在教区发生这种事，动机肯定与君士坦丁大帝类似了（君士坦丁大帝是罗马皇帝，曾经统一全国，支持基督教，临死前，他接受了基督教的洗礼）。

　　我们绝大多数人成为基督徒，是不是受自己基督徒父亲的影响呢？总之，我讲述的这件事——湖州教区的中国人加入基督徒行列——还需要我们多多关注，也许会有需要我们出手相助的时候。

　　在后来的旅行中，我听说过很多类似于湖州教区那样的事情，只是没有比他们更成功的了。

第十九章　反对裹脚运动（一）

第一部　武昌、汉阳、广东和香港

还记得小时候第一次把脚放进海水里感受到的冰冷吗？我现在的心情正是如此。因为，我将要去中国南方宣传反对裹脚了。那里对我来说非常陌生，而裹脚又是中国最为古老，并深深植根于人们心中的一种风俗。

尽管我是一个人到南方宣传反对裹足，但天足会名誉会长给了我很大支持。她给中国招商局写信，告诉他们我是代表天足会走这一趟的。于是，我可以免费乘坐招商局的汽船，游遍整个中国。所以，我决定全力以赴地投入工作，不能辜负别人对我的优待。另外，他们还说要介绍一些中国南部的欧洲人给我，因为我在那里几乎没什么朋友。在中国西部我倒是有很多朋友，因为在那里居住的时间比较长。

到达汉口的时候，我们把维多利亚剧院租下来。我可以在这里登台演讲，宣传反对裹脚的思想。这次演讲，请来商会会长帮助安排座位，并邀请了中国政府官员来旁听。当中国官员依次走进来的时候，我看到他们身后跟着随从，头用力昂得很高，一副什么都不放在眼里的样子。见他们这么大的架子，我的心都凉了。领事先生先向大家简单说了说我的情况，然后我就站到前面去了。

真正站在台上，看着下面的观众，我突然意识到，一个外国妇女与中国官员讨论妇女的脚，这个话题太敏感了，在他们看来大概会感到十分难以理解。那位中国翻译面对观众时，太紧张，不敢上台了。对此，我并不感到意外。他被中国官员的气势给吓住了，没法完成自己的工作。幸亏有个中文很好的传教士来帮忙，他说出来的话很有分量。看着眼前的一幕，我差点笑起来，用了很大的力量才控制住自己的情绪。在我看来，我说的那些东西，只是这些中国观众饭后的谈资，甚至是笑柄罢了。反对裹脚的小册子倒是发了不少，光会场上就发放了 2000 份。那些官员临走的时候，还来跟我要呢。

武汉三镇之一的汉口，与另外两个镇之间隔着汉江与长江。中国最有学问的总督是张之洞，据说他文采极好，几乎无人能比。他的官邸就在汉口对岸的武昌。在会场里，我们就把张之洞关于反对裹脚的文章用红纸贴在墙上。张之洞的古文简直洋洋洒洒，运笔如神。文中他把为什么反对裹足解释得不能再清楚了，谁想再补充什么也几乎不可能。当然，张之洞是写文章的专家，那些"愚昧的百姓"无法理解如此深奥的文章。一位军官似乎专为研究张之洞的文章而来，对我的演讲根本没兴趣。不过，最后他还是加入了天足会。

三个镇子中，汉阳是最小的一个。它与汉口都在长江一边，但中间隔着汉江。演讲的过程中，汉阳知县说他们家的女眷全都没有裹脚，这话当场就引起很大反响。张之洞大人极力反对裹脚，汉阳知县的家里已经允许女性不裹脚，面对这种情形，大家都在思考：汉口作为一个商业城市，是不是有些落后了？于是，人们开始争先恐后地上前来，跟我要宣传单和小册子。他们都看到过家里女眷裹脚的痛苦样子，现在可以摆脱它，谁能不乐意呢？

开会之前，我的翻译还正常的时候，曾经告诉我们，他小女儿的脚曾经被他放开过两次，结果都让他妻子发现，重新裹上了。母亲们觉得这是为了女儿好，裹脚之后，将来才能让男人喜欢，能找到一个有权势的丈夫。一些年纪大些的男人，尤其是受过教育的，都认为裹脚是野蛮的事，坚决反对裹脚。在欧洲，人们曾经对妇女戴耳环、束腰和穿高跟鞋进行过严厉的批评指责。可是，一些地位较高的年轻男子却钟情于纤纤玉足，认为越小越好；而有的女人则认为裹脚能让自己更有魅力，可以拴住男人的心。

继汉口演讲之后，我们在汉阳又举办了一次，不过参加的人仅限于妇女。所有来会场的女性，一致同意我的观点 —— 废除裹脚。我们还请这些甩掉裹脚布的妇女站起来让大家看，一开始她们有些不好意思，但最终还是慢慢站了起来。我们为她们细致地讲解了裹脚的坏处，这些湖北女子们听了，脸上泛起了阳光一样灿烂的笑容。本来她们已经坐下，听完我们的话立刻又站了起来。

在武昌演讲之前，我们专门给上层社会的年轻小伙子举办了一次集会。我当时问了一个问题：女人是不是因为喜欢才把脚裹起来的呢？在场的人全都笑了，大概觉得我很无知。

第二天早晨，在武汉的大街上，跑来很多有钱人家的孩子。他们问我宣传用的小册子还有没有，准备再要一些带回家。

总之，汉阳的演讲是成功的，其标志就是：摆脱裹脚布的女性，全都当场站了起来。之后我就回到了上海，准备继续南下，为废除裹脚进行宣传。

为了帮助中国人废除裹脚制度，很多欧洲人在默默付出着，他们为此而花费的心血是难以用语言说清楚的。不过，他们也因此而得到了中国人的尊重与热情接待。对于英国读者来说，最感兴趣的大概就是中国人怎么看裹脚。拜访李鸿章总督的时候，我听到了这种观点。起初，我请求英国驻华总领事帮我一把，或者可以直接让我去见李鸿章，把我介绍给他。领事说，中国总督怎么会见我这么个女人？这种失礼的事他不会帮忙，甚至连提都不会提的。

幸运的是，我认识一位意大利的总领事，他居住在香港。他答应帮助我，并给李鸿章的养子写了封信，请对方帮忙把我介绍给李鸿章。同时，我也给那位大人写了封信，信中阐述了李鸿章大人对废除裹脚运动将起到怎样的作用。并说，如果李总督周日有时间的话，请他帮忙安排一下见面的事情。到时候，会有一位有名的美国女医生一同前往，时间最好不要往后拖，因为到时候我就要去南方了。

李鸿章的养子——李大人很快回复了我，并确定了日期与具体时间。可是，那时我已经跟人约好，去参加中国妇女组织的一个集会。之前，我还去了长老会教堂，参加另一个集会。会上，玛丽·富尔顿太太，为两位中国医科女学生颁发了毕业证书。这两位女学生与她们的朋友，都穿着亮丽、活泼的衣服。教堂里完全布置成了中国风格的会场，有很多绿色的树枝，人们手上都拿着一张印着赞美诗的红纸。每当人们翻动红纸的时候，教堂里就像飞动着很多红色的鸟儿，增添了几分节日的喜庆气氛。

科尔大夫是驻华传教士里最年长的，他把所有的年华与精力都投入到了自己亲手创建的两所医院里。颁奖典礼的时候，他也来了，还用一个故事阐述了自己对医疗技术的深刻思索。他说，20多年前，一位中国妇女从很远的地方来找他，请他救治自己的腿。这位妇女的脚是裹着的，已经坏死。她听说外国医生总能创造奇迹，所以请求帮她恢复双腿的功能。

假如真的有奇迹该多好！那样很多中国妇女都会远离痛苦。可即使医疗技术能将外在的伤痛恢复，她们内心深处的痛苦又如何恢复呢？很多国家的年轻人都喜欢追时髦，他们哪里知道，这也能给人带来痛苦啊！

我的翻译是一位中国舰长，他毛遂自荐想要帮我。从听众专注的眼神与阵阵笑声可以看出，他的翻译肯定很准确、生动。有两次，这位威武的舰长在翻译的过程中停了一下，眼睛向教堂屏风后面看去。原来，那里坐着他的妻子，她是广东家资最殷实的人，同时也是脚裹得最紧的女人。尽管这样，舰长还是勇敢地把我说的话完整地翻译了出来。在我所参加过的集会中，广东听众的气氛最热烈、最活跃，不时传来朗朗笑声。对中国人来说，送给你的笑声就是最高评价。

集会结束的时候，男人们全都围过来交钱，领走一张纸，上面的文字证明他们是天足会成员；妇女们却被挤在一边，只能观望。舰长的妻子看准时机也领了一张纸，并告诉人家说她的脚已经放开了。一个70多岁的老妇人说，她这把年纪没人敢劝她不裹脚，可她还是扔掉了裹脚布。她希望成为别人的榜样，所以尽管一开始很痛苦，可她忍住了，现在已经没事了。看她走路的样子，一点也不像70多岁，脚步非常轻快。

第二天我们又举行了一次集会，是专门针对裹脚妇女的。这一天恰好也是李鸿章大人约见我的日子。雨下得太大了，只来了九位妇女。看来，中国人比英国人还畏惧雨天。为了赶去见李鸿章总督，我只简单说了几句话，赶紧满怀歉意地告辞了。这些妇女受到我的邀请，本可以不来的；如今人家来了，我却又急忙走了。不过还好，在其他欧洲女士的劝说下，这几个中国妇女也加入了天足会，还立刻扔掉了裹脚布。这比我演说几百次的效果还要好！实际上，我只是一个宣传废除裹脚制度的工具，并没有发挥太大的作用。

我与玛丽·富尔顿大夫坐在漏雨的轿子里，往李鸿章大人的衙门赶去。由于下雨，路上一片泥泞，我们在拐来拐去的街道上走了整整一个小时才到。住在中国这么多年，这是我第一次进入官员的宅邸。衣服差不多湿透了，贴在身上很不舒服，再加上马上要见到李鸿章大人，我不由得紧张起来。在路上，富尔顿就猜测说，衙门里肯定破破烂烂地，非常脏乱。以目前的情况看，似乎被她说中了。不过我心里想，假如是晴天，大门深处肯定一派雍容气势。

后来，有人领我们去厢房。我的两位翻译——李大人和马克大夫正在里面等我们。路上，我们经过一个房间，里面有个官员正躺在床上发抖，身上还盖着毛皮被子。

很快，李鸿章大人就派人请我们过去了。我们走在长长的走廊上，两边都是宽敞的庭院。右手边有个马棚，很多马拴在里面。长廊的尽头就是李鸿章大人的接待室，他正站在门口迎接。只见他身高将近六英尺，魁梧而挺拔；镶着貂皮的长袍直达脚面；头上是黑色貂皮的帽子，上面还镶着钻石；手上戴着大大的钻戒。一开始我并没有注意到钻戒和貂皮，是那位美国传教士朋友——富尔顿大夫后来告诉我的。看来，美国人对这些的确很敏感。我所关注的，只是李鸿章大人锐利的目光，以及他像欧洲人那般高大的身材。他跟我们打招呼的时候，语气非常和气，还请我们去他屋里的圆桌旁就座。里面的一把扶手椅是这位老人的专座，上面铺着垫子，有个人在旁边专门服侍他起坐。李大人在李鸿章对面坐着，我和富尔顿太太坐在左边，马克大夫则坐在李鸿章大人右手边靠后些的椅子上。墙边立着一排男仆，他们就是中国街头巷尾那些小道消息的源头，很多非常重要的国家机密也是他们走漏风声的。要不然，怎么那么重要的消息，街上那些游手好闲的人居然比外交官知道得还快呢？

　　李鸿章大人可能从来没有接见过像我这样对他做过的事情怀有偏见的人，我也很想把偏见丢掉，可一时很难做到。谁知，短短几分钟之后，我就被他的言谈举止折服，完全丢掉了之前的戒备。不过，他总是避开我的主要目的——裹脚问题。没进入正题的时候，他先问起我丈夫，说曾经与我丈夫见过面，还把他们交谈的内容说给我听，并微笑着问我对那次谈话的结果有什么印象。他说，船经过三峡的时候，肯定很危险，因为长江的水太湍急。我鼓了半天勇气才说，我丈夫已经把汽船开到重庆了，我是船上唯一的欧洲乘客。

　　李鸿章大人听了我的话，说道："勇气不小。"我回答："来拜见总督大人，需要的勇气更多。"接着，我跟他说明了来意，打断了他的话题。这个和气的总督小声说道："是啊，我不愿听到小孩子因为裹脚而哇哇大哭。"接着他又说道："不过，我从没听到她们哭过啊。"我对他说，他兄弟的家人，还有他的很多亲戚，都已经不裹脚了。

他不大相信，于是，我又壮着胆子说起他母亲。他连忙说："哦，我母亲年纪大了，已经不再裹脚了。我想，李家的女人都是裹过脚的。"听了他的话，我受点打击。不能再和他纠缠这些家事了，一定要让他明白：年轻人绝对不能再裹脚。

这时，李大人插进来说道："您看，我的小女儿没有裹过脚，将来我也不会让她裹的。"李鸿章大人大概觉得最好假装没听到他说什么，所以继续着自己的话题："你打算让我下令，禁止全国的女人裹脚吗？这可不行，我的权力可没有那么大。能让全国的女人穿上同一双鞋？这绝对不可能。不然你是打算让我像张之洞似的，给你写点东西？没问题，我是该写篇文章了！"他笑了下，又小声说道："不过，我老了，写不好文章，写不动了。"突然，我脑子里转出一个念头来——或许可以让李鸿章大人给我的扇子题个字，同样可以算作对废除裹脚制度的支持。终于，这个善良的老人接受了这个提议。不过，他真的老了，如果没人帮他，已经很难自己从椅子上站起来。两个仆人扶着他来到书桌前，这位身材高大的老人就这样给我写了题词。

后来的集会上，我总是把他的题词摆出来展示，每次都有很强的感召力。

李大人看出了我的心思，便对我说，他父亲年纪大了，工作又很繁重，假如不是这样，肯定愿意多给我写一些的。我听出了他的弦外之音，明白是告辞的时候了。可是，总督大人让我们再等等，他让仆人拿来 100 块大洋，说送给富尔顿大夫的医院，让她一定要收下，不能推辞。他趁仆人去拿钱的时候，详细地询问了富尔顿大夫医院的情况，并仔细看了她的捐助名单。之后，他对我说："你知道吗？妇女的双脚解放后就会变得强壮起来，男人已经是强壮的了，如果他们联合起来，会对朝廷造成威胁的。"直到后来，我反思自己如何抛开对他的偏见时，还经常想起他说的这句话。

李鸿章大人在这样大的年纪，依然能保持敏锐的思维，的确不容易。因为，能做到这一点的，无论在哪个民族中都可以算是出类拔萃的人物，何况他还是个中国人？他极力避免一些敏感的问题，可只要提到，肯定是令人吃惊的坦诚。拉·布赫叶说过，面对自己不愿回答的问题时，这种坦诚是最正确且最明智的选择。中国人喜欢舌战，这个特点在李鸿章大人身上体现得淋漓尽致。不过，他总是能抓住时机跟我开玩笑，给人一种风趣的感觉，相信每一个跟他谈过话的人都会被他说的话感染。

我暗暗想道，慈禧肯定很遗憾失去了这位能干的助手。听说是因为他们意见相左，所以彼此间有了嫌隙。慈禧大概正为此扼腕叹息吧？一个外表威严、内在有个性的人，肯定能给人带来安全感。李鸿章大人就是这样的人，如果有他，慈禧就放心了吧？

后来担任香港执行副检察长的波洛柯先生，帮助我安排了香港的集会。当时，香港总督夫人布莱克女士也来参加了，所以集会异常顺利。很多上流社会的人物都出席了集会，在市政府大厅里面，到处都可以看到他们的身影。由于语言不通，很多人不能随意表达自己的观点，但还是受到我们的影响，积极地做着自己力所能及的事。

香港在一年前成立了华人俱乐部，与欧洲人俱乐部差不多。这场集会的主要承办者，就是华人俱乐部。集会还没开始的时候，俱乐部委员会的几个委员，便以欧洲人的礼节接待了我们，并且邀请我们去包厢就座。包厢里面的中国贵妇们见我们进去，全都起立，热烈欢迎我们的到来。另外，被称为香港首富的何东先生，也出席了这次集会。俱乐部为了让所有人都能尽兴地听演讲，还专门请来了一个著名的华人律师做翻译，因为他们担心有人听不懂英语。可事实情况是，翻译还没来得及说话，听众就开始有反应了。这说明很多人能听懂我说的话，并且没有什么误解。

大概你会奇怪，我怎么总提到笑声，因为集会上的话题多少还是有些沉重的，并不是什么有趣的事。实际上，在我看来，人们笑着接受这些，或许可以促使他们更快地放弃裹脚。中国人认为把悲伤表现出来是一件有失身份的事，这点与日本人是一样的。就算真的伤心，他们也不会直接表露出来。即使被宣判死刑，他们也会笑的。我们路过宁波修女驻地的时候，看到五个年轻的女孩，其中三个还是小孩，另外两个顶多 20 岁。她们只能用手和膝盖走路，因为她们的脚都烂了，是裹脚导致的。面对如此悲惨的境地，她们居然还在咯咯地笑着；假如英国人看到这种情形，肯定会惋惜得落泪的。

这次香港集会一结束，华人俱乐部的委员就把我们邀请到楼上。那里摆放着精致的广东木雕、大理石盆景、欧式的扶手椅，还挂着欧式窗帘，很是漂亮。屋子中间有一张桌子，上面摆放着特意为我们准备的各种糕点。两位中国维新派人物跟我们交谈的时候，天足会的前任会长对我们说，对于提倡解放双脚的问题别太乐观。他说，据他了解，那些鼓掌赞同扔掉裹脚布的家庭中，肯定还有那么一小部分，家里的女人依然把脚裹得很结实。

我在香港遇到的第一个问题是撒谎。那些在这里定居很多年的居民，竟然告诉我说，他们这里的女人大部分不裹脚。如果不是之前遇到过类似的情况，我差点就不打算演讲了。有一次，我与几个朋友一起去做客，主人是位广东人。刚听到我的名字，这家的主人和另一个来自香港的白胡子老人，就立刻请求我千万别去他们女人的房间。后来，主人的儿子陪我们在院里到处闲逛的时候，从一间屋里走出个女仆，她请我们进房间说话。

屋里光线昏暗，但仍可以看到一群女仆中间坐着一位容貌与服饰都雍容华贵的年轻姑娘。我们恭敬地向她行礼，可她并没有起身的意思。后来，还是女仆打破尴尬，掀起她裙子的一角，让我们看那双小得不能再小的脚。真是一个可怜的孩子，这该多么痛苦啊！她看到我们闯进来，表现得很惊讶，并且有些不高兴。我便向后退了几步，而她则别过脸，弯着腰，踢打起我的同伴来。同时，她的嘴也没闲着，不停地嘟哝着，似乎是些表达对我们嫌恶的话。仆人们肯定注意到了我们惊讶的表情，便解释说，这个姑娘第一次与外国人接触，大概不习惯。

这时，女孩的姐姐进来了。可以看得出来，她还没来得及梳洗打扮。一看到我们这些人，她马上躲到了屋子角落里，还用胳膊把眼睛挡住。大概是不想看到妹妹那双可怜的小脚，又或者想遮挡住我们的目光。我赶紧退出门外，对主人的儿子说，请他代我们向那两个年轻女士表示歉意，并告诉她们：我们擅自进入她们的房间，给她们造成不愉快，内心感到很不安；如果事先知道不受欢迎，我们是肯定不会进去的。

主人的儿子倒觉得没什么，还说根本不用放在心上。他说，刚才的两个姑娘是两姐妹，后来的那位是他妻子，屋里那个白胡子老人是他的岳父。在香港，他岳父拥有的中国房子是最多的。那两个年轻姑娘，从小到大还没有见过外国女人。这就是说，香港的中国姑娘生活得也很封闭。而生活在香港的欧洲人，假如不注意，根本无法了解这些中国姑娘过着怎样的生活。后来，一个汽船船长也对我说，假如中国姑娘要坐船，都得由男仆扛上船，像扛麻袋似的。

可见，之前有人说香港的女人不裹脚，绝对是撒谎。实际上，有人告诉我，刚刚参加集会的那些人，过的都是衣食无忧的生活，可他们的女眷没有一个不裹脚的。

布莱克女士说道："那么，我们应该为上流社会的女士专门举行一次集会。"之后，她就开始准备起来。由于香港这些官员的女眷都是裹脚的，所以布莱克女士专门发请柬邀请了官员们。这样，他们就能带着女眷参加集会了。之前，女王学院院长帮我主持了一场集会，是专门针对男学生的，题目也是反对裹脚。英国政府在香港建立的女王学院，对中国来说，简直是一种无私的奉献。如今活跃在中国各个省市的很多杰出青年，都曾在这里受到过良好的教育。维多利亚大主教带来的自己教区的一些男学生，也来参加集会了。伦敦教会的佩尔斯先生，在会上担任翻译。

一想到有 500 多个小伙子出席这次集会，我就有些担心。赶去参加这次集会的时候，轿夫走错了路，而我又没办法说清楚自己去哪里。后来一个懂英语的过路人来帮忙，轿夫终于明白我要去哪里，却不认识路。我没办法，只好任由他们抬着我左转右转。一想到那些主教、翻译、听众都在等着我，心里更着急了。最后终于找对地方，我满脸羞惭地走进去，却不好意思对大家表示歉意。

在向大家说明此次集会的目的时，我心里充满不安。而台下的小伙子们，也因为等的时间太长，显得有些不耐烦，笑声越来越高，而且不停地鼓掌，使我几乎没法再讲下去。没办法，我再次拿出李鸿章为我题词的扇子，并且免费发了一些照片和小册子。照片上是中国妇女脚部 X 光透视的样子，有裹脚的，也有不裹脚的。这下子把那些年轻人的兴趣勾起来了，他们一拥而上，挤倒栏杆，把手册和照片全抢跑了。当时我还没有吃饭，可这样的精神食粮已经让我很满足了。对于女王学院的这些人来说，这个下午肯定是非常难忘的。

小伙子的集会结束后，马上就要着手安排女士们的了。之前，我们都很担心那些女士们不来。集会还有一小时就要开始了，英国海军上将的妻子，拍着自己放在凳子上的脚说："不参加也没事。"港督夫人说道："天哪，她们肯定来。假如来的只有那么几个人的话，我们就把舞厅关上，请她们去客厅。"

我与港督女儿布莱克小姐 —— 她已经同意担任香港天足会名誉主席 —— 一起走回来。往舞厅去的路上，棕榈树和小树丛已经被园丁安放好，一路都很漂亮。离开始还有半个小时了，女士们还没来。我真想说她们没有勇气来，因为就算她们此时来到大门口，也未必敢往里进 —— 警卫戒备太森严了。谁知，她们竟然来了！这些女眷们把轿子停在门外，一路摇晃着走了进来。远看她们摇摇摆摆的样子，还真是壮观。

舞厅里已经人满为患，所有的椅子都被占住了。有两三个中国女士在旁边小声议论着，意思是说，主人在的时候，仆人是不该就座的。有人听到了这话，于是，所有的女佣全都起身，站到墙边去了。一下子有 70 至 80 个位子被空了出来。不过，小女孩只能坐在地板上 —— 中国人对此表示很惊讶，英国人却觉得很正常，没什么可奇怪的。有人说要把那些女孩子送回去，因为她们太小了。可是，最后还是被留了下来。令人惊喜的是，集会结束的时候，这些小女孩也签名加入天足会，并捐钱了。我看到其中几个女孩子已经裹脚，心想，她们肯定知道自己在反抗什么。

　　站在台上的时候，我发现，前排最边上有两个脚裹得非常小的女人，很引人注目。而这次给我当翻译的那位澳大利亚女士，也注意到了她们。于是，刚翻译完我的开场白与布莱克女士的致辞，她就赶紧走到小脚的主人跟前去了。估计她对那小脚实在无法忍受，所以跑到它们主人近旁，这样就看不到了。听众们看到翻译这么做，有些不满。听众里的两位英国女士，多少感到不解，甚至是愤怒，最后用标准的南方话指责起来。这样一来，吸引了很多观众回头去看她们。

　　而那两位中国女士居然始终面不改色，冷静异常。其中稍微年长的女士说，自己一大把年纪了，即使扔掉裹脚布也恢复不了。可那个年轻的为什么也不扔掉裹脚布呢？我不得而知。集会结束的时候，在女仆们的搀扶下，这些裹着小脚的女人们又颤颤悠悠地上了轿子。看到这个情景，我心里很不舒服。

　　参加这次集会的女士中，有 47 位加入了天足会。其中一位，还给大家介绍了拆裹脚布的方法。一位在当地华文报馆工作的小伙子见到我，居然鞠了一躬，说道："我妻子和姐妹都不再裹脚了。"一位中国医生曾经说，香港女人的脚裹得是最结实的，所以裹脚在那里是废除不了的。如今，事实摆在眼前，证明医生的话根本立不住脚。一个中国作家在书里说："婴儿一般都会在床上躺着，尤其是出生后第一年。不到万不得已，父母是不会把他们抱下床的。"

　　一次，在上海妇女集会上，有位女士当场给大家表演怎么裹脚。她一看就是壮实有力的人，由于用力过猛裹得太紧，以至如果解开

198

裹脚布，就会带下皮肉来，于是，只好连着裹脚布一起泡到温水里，慢慢往下拆。以前就有人见过类似的事情。福州的集会上，很多女士一起证实说，真的有个女孩因为裹脚而失去了双足，她们全都见过。一个中国海军军官的妻子也说道："这样的女孩不止一两个，我见过的更多。"一双本是健康的脚，先是坏死，之后脱落，这中间的痛苦简直难以想象。

有位女士问道："看看这屋里的中国妇女，是不是比英国的女士更出色？她们打扮得多么雍容华贵啊！"我们在穿衣打扮上，总是请教英国海军上将的夫人，因为她在这方面比较有心得。她听了那位女士的问话，说道："我倒不这么看，我们是穿着平常的衣服来的，而她们却是仔细打扮过的。如果我们也穿戴好礼服和珠宝，怎么会不如她们呢？"说完，她又继续赞叹起中国刺绣的精细与美妙了。实际上，同苏杭的刺绣比起来，香港的刺绣只能算是次品。

第二十章　反对裹脚行动（二）

第二部　澳门、汕头、厦门、福州、杭州和苏州

澳门是个阳光灿烂的地方，只是市场有些不景气。不过，在反对裹脚方面，它比繁华的香港要进步得多。澳门与香港的最大不同就是，几个世纪以来，葡萄牙人不仅在这儿定居下来，还与当地的中国人通婚了。有人说，在维新派的一个领袖和一名医生的努力下，澳门妇女的双脚才得到了解放。澳门总督府在一个小小的海湾里，对面是一个很浪漫的公园。夜幕降临的时候，葡萄牙人就在公园里奏起柔美的音乐，而那些母亲则带着孩子，年轻的女孩子们领着女佣，伴着海浪的拍打声慢慢走着。旁边有几座欧式建筑，它们是澳门最好的房子，里面住的都是中国人。在一座阳台栏杆都镀金的房子里，我惊喜地发现，他们家所有的女孩子都没有裹脚。

为我安排这次演讲的，是当地华人领袖何水廷先生。演讲结束

之后，我还有幸被他请到家里做客。他对我说，保证不会让小女儿缠足了，还会把她的裹脚布扔掉。我们来到他家，发现屋里的装饰极为讲究，不仅摆放着很多艺术品，还摆了个台球桌。不过，我也看到，他大女儿的脚依然裹着。从这点可以看出，这位华人领袖跟维新派人物还是不同的，他的思想里还存在着保守的成分。

在一次小型的基督徒集会上，每个人都非常高兴，显得异常兴奋，我身边的翻译更是兴高采烈。而给我留下深刻印象的，却是这个翻译的妻子。她裹着小脚，但是很积极地加入了天足会，一边捐钱一边笑："给你吧，连同我不再裹脚的誓言。"葡萄牙人俱乐部主席还组织了一次集会，是专门为懂英语的人举办的。而澳门总督加哈德先生，为这次集会提供了很大的支持——他刚刚出席完复活节的狂欢，就赶忙来参加我们的集会了。

眼前看到的一切，不禁让人产生了置身欧洲的恍惚感：风景秀丽，阳光灿烂，橘红色的喇叭花，穿着节日盛装的孩子们，还有街上的一切，浪漫的公园……澳门对中国来说真是独一无二的去处，一定要在这里率先破除裹脚的陋习。天主教的修女们也在极力推行反对裹脚的运动，不过，她们拒绝与新教的传教士合作。

我不仅得到招商局的特许，可以免费乘坐他们的汽船，而且港粤澳分局公司和道格拉斯·拉普雷克公司也愿意大力支持我。轮船公司的慷慨大方，让我产生错觉，以为也可以免费入住旅馆的。谁知，愿意免费招待我的，只有广东和澳门那些支持反对裹脚的人。去别的地方，依然要支付住宿费。

接下来，我们去了通商口岸汕头。汕头妇女与其他地方不同，她们裹脚的方法很特别。通常，裹脚的目的是让女孩子的脚越短越好，这个过程痛苦得很。汕头人家的孩子是要干活的，所以总是等到女孩子十二三岁时，才裹脚。此时她们的脚已经发育得比较大，如果想把脚弄小，只好把四个脚指头往脚底绑，留下大拇指。之后，让她们穿上很高的高跟鞋，把脚斜着放，以便显得更小一些。她们的鞋尖部分都有洞，所以大拇指总是露出来。不过，用这种方法裹的脚，一旦放开，痛苦会小一些。

从汕头坐了四个小时汽船，到达揭阳。这里的很多中国妇女没有裹脚，让我感到很欣慰。我总是跟这里的妇女谈论脚指头的问题，因为我怀疑她们的脚指头是否还能直起来。结果正如我所料，她们松开裹脚布之后，硬是用绳子把脚趾拉直了。其中一位 8 岁开始裹脚的女士，21 岁的时候扔掉了裹脚布。现在三年过去了，她的脚已经慢慢恢复了正常。她感到很自豪，总是很满足地说，自己的脚跟普通人一样了。还有一位女士告诉我们，她的脚趾由于弯曲过度，已经坏死了两个。这就意味着，她的脚再也没有恢复的可能了。另外一个女士则气愤地说，恨不得剁掉一个脚指头。

以前这里根本没有传教士，更没有反对裹脚的组织，她们完全是出于自愿反对裹脚的。现在这里的传教士们也说，他们刚刚来到揭阳时，就发现这里的妇女已经不再裹脚了。不过，广东省康有为的维新运动，肯定在扔掉裹脚布的问题上起到了推动作用。1898 年，康有为的组织里已经有 3000 名成员，可百日维新以失败告终，慈禧命令这个组织立刻解散。

当年揭阳的科举考试中，有一家人四个儿子成绩都很好，不仅全部考上了秀才，其中一个还是当时的第一名。他们家的大儿子，还中了举。如今，中了头名秀才的那个儿子，被请去皇宫里做老师了。他家的桌子上放着一本杂志，上面印着我的照片。我心里很感动，因为这表明我在这家人心里是有一定地位的。尽管在欧洲经常可以遇到这样的事，在中国我还是头一次遇到。

虽然汕头的裹脚问题并不严重，可很多妇女还是被放弃裹脚的念头鼓舞。夜里，我的脑海中总是浮现出一位妇女愁苦的面庞来。

厦门这座城市非常美丽。20年前，麦克戈文先生就来到这里，开展废除裹脚的运动，如今已经取得了很好的效果。女基督徒们早就扔掉裹脚布，穿上了轻便的鞋子。广东那些不裹脚的妇女穿的是船鞋——一种像船底一样的鞋，走起路来，前后很好找到平衡。外国人对中国的第一印象往往是从广东得到的，而广东的渔家女和农妇全都不裹脚，所以他们就误认为中国的劳动妇女是不裹脚的。中国西部那些妇女，不仅要拉纤，还得提水，可她们的脚也裹得像动物的蹄子那么小。中国北方的劳动妇女，总是跪在黑色的土地里劳动，因为她们的脚根本站不稳。

实际上，对于广东的妇女来说，裹脚只是一种身份的标志。而对于上海和中国其他地区的妇女来说，裹脚则代表一种品行。在广东和香港，那些有名气的女性是反对裹脚的，她们穿着一种木屐，像满族妇女穿的那样，鞋底有块厚厚的木头。而厦门妇女的鞋子，在传教士的努力下，已经都是方便轻巧类型的了。

汕头没有政府官员，而厦门有，所以我到达这里的第一件事就是去拜访那些人。语言在中国是个很大的问题，在南方，这种语言上的障碍体现得最突出。我不得不请了两个翻译，一个负责把我的话翻译成中国官话，另一个则负责将官话再翻译成奇特的厦门话。我的用人是宁波人，会说些官话，所以在广东和澳门都能与人交谈，可是在汕头他已经觉得交流起来很困难，到厦门就完全听不懂了。他对我说，在厦门他唯一能与之交流的人就是我，面对着厦门人感觉似乎来到了国外，他完全无法交流。福州还好些，领事馆里有个外地来的用人，他们倒是能说上话。在我的中国之行中，只有在厦门同时用过两个翻译。由于没有在福州举办正式集会，所以没机会与福州人更多地交流，否则大概也得要两个翻译才行。

满族妇女是不裹脚的，而厦门道台就是满族人，他按时出席了我们在俱乐部剧场举行的集会。在会上，他不仅表达了对裹脚妇女的深深同情，而且对我们的工作也给予了称赞。出席这次集会的，还有英国总领事请来的其他中国官员，和一些有钱的中国人。他们中的一些人不仅签名加入了天足会，而且答应配合我们的工作，并当场捐赠了很多钱。道台甚至说，很乐意帮我们在全城都贴上张之洞那些反对裹脚的话。

那场为妇女举行的集会，就没那么令人愉快了。集会是在一座与大陆隔开的小岛上举行的，周围都是海水，岛上有很多外国人的别墅与花园。中国人本来就不爱出门，又要到海中小岛上的外国别墅里去，而且时局动荡，气候多变，这对他们来说实在不是一件容易的事。

我们是通过海路去往福州的，这一路的艰难让我毕生难忘。不过，到了福州才知道，真正的苦日子在这里。厦门所有的学校和教区，都被军队征用了，那里的妇女都不裹脚。所以，我们唯一可以为她们做的，就是表示祝贺，并鼓励她们坚持下去。福州则不同，这里是教育中心。厦门岛的面积相当于一个大花园，非常小，福州岛要比它大得多。在福州的那些日子里，大雨一直下个不停。三山是这

205

里的名胜之一，由于下雨，根本看不清它们的样子。路又湿又滑，我只能一直坐在轿子里，在泥泞的街上来回溜达。

美国人在福州建了一所非常大的学校，这里的男学生可以学习很多东西。授课的是美国女教师，这是学校的一大特色。作为一个英国人，我总感觉这所学校并不好，可毕竟对中国青年的启蒙与鼓舞起到了很大的作用。我身边的几个汉学家是很挑剔的人，当这个学校的一个学生给我做翻译时，他们竟一致称赞这个学生是他们见过的最好的翻译。

中国的同乡组织比中世纪时的欧洲还要复杂得多。中国人举行聚会、宴会或者听戏，全都在同乡会馆——这往往是一座城市中最醒目、最富丽堂皇的建筑。同庙宇比起来，同乡会馆即使不是更强，也可以与之媲美了。我一直渴望在一家同乡会馆里演讲，说说反对裹脚的运动。如今，这个心愿在福州实现了。挑选会馆的时候，我们犹豫再三，因为它们都很出色。时间已经到了，听众们也越来越多，我们就赶紧定了一家会馆。

这是一家半露天的会馆，所以，许多女士要在夕阳下站着。有顶棚的一端是贵宾席，我们就坐在那里。大厅当中有两排椅子，是留给重要客人的，大部分听众都站着。这些听众似乎相互之间也有所选择：年轻的维新派和面容忧郁的知识分子，在右边站立；把裹脚看作野蛮风俗的外国人，和面带笑容的买办、财运亨通的大商人，则站在左边。当我请同意废除裹脚制度的人举手时，女士们全都高高举起了自己的手。这时，太阳下山了，夜幕正慢慢降临，会场上突然变得寂然无声，气氛非常压抑。看看人们的表情，全都显得非常愁苦、郁闷，并且谁也不打算出声。

1898年百日维新失败后，冷酷的慈禧太后下令处死了戊戌六君子，那位年轻的领袖人物林旭就是福州的维新派。当年他领导的反对裹脚运动，声势那般浩大，他自己却突然惨遭杀害。此时这些就是曾与他站在一起的人啊！商人们的心情都很沉痛，女士们则非常悲伤，他们都在心里默默地怀念着他，却不忍再提起他的名字。

　　一个商人说，想请我们去劝劝他妻子，因为她执意要给他们的小女儿裹脚。他还说，本来有几个女士要和我们一同去解劝的，结果却没有来。我们一看到商人的妻子和女儿，就发现她们沉浸在痛苦之中。小姑娘很漂亮，可是非常瘦，眼圈是黑色的，神情愁苦。我们面对这个可怜的孩子时，心情非常沉重。我们知道，假如继续给她裹脚，不仅双脚会坏死，连生命都会受到威胁。就算现在给她放开双足，恐怕都已经有点晚了。

　　她的母亲说，自己也不愿意看到孩子这么痛苦，正打算给她拆掉裹脚布。我使劲让自己的情绪平复下来，问道："现在不就可以拆掉吗？我能荣幸地做这件事吗？"见她的母亲没有反对，我便伸手想把小姑娘的裹脚布弄松一些，打算先让她舒服点。因为，谁也不敢一下子将裹脚布全部拆除。可是，小姑娘根本不让人碰她的脚，一个劲儿地扯紧自己的裹脚布。我的手刚伸过去，她就哭了。一个孩子的脸上居然呈现出如此的绝望与痛苦，我不忍再看。

　　中国人很少直视别人的眼睛，可这个女孩就那么直直地盯着我，神情中充满幽幽的恨意，仿佛在说："我没法忍受，我知道无法阻拦你，可没有了这块布，我会更痛苦。"这张苍白的脸上显现出来的怒气、怨恨、痛苦与无助，深深印在了我的脑海里，令我永远也忘不掉。看到的这一切，更坚定了我早日破除这个恶习的决心。裹脚的痛苦是孩子无法承受的,那么小的心灵就要浸泡在苦痛与绝望中。可以说,世界已经将她们逼进了绝路,抛弃了她们,尽管她们还没有离开人世。这个可怜的孩子,眼光中透露的怒火与执拗,令人感到难以形容的凄惨。

我心想,她母亲真的会帮她拆掉裹脚布吗?就算拆掉,还来得及挽救吗?就算是没晚,又能如何呢?仅仅是为了满足那些心态不正常的男人,父母就让小姑娘们承受裹脚的痛苦,用一双扭曲变形的脚走入这个世界。有成千上万,或者说成百万的小女孩,已经或者正在忍受着和这个女孩一样的痛苦。假如这种制度不被彻底铲除,会有更多的女孩步入这个痛苦的行列。

在中国,我见过很多教育机构,只有卫理公会学校给我留下的印象最好。这个学校的小伙子们激动地大声宣告说,他们厌恶裹脚这件事。美国人在福州城里的外国人居住区开办了一所规模不大的寄宿学校,里面的年轻人跟卫理公会学校的小伙子一样,也非常真诚地宣称对裹脚充满憎恶。英国教会使团的女士们,邀请很多中国女士参加一个大型晚会。谁知,这些中国女士没有一个不是裹着脚的,让人看了感觉很痛心。因为我非常清楚,有的女孩就是因为裹脚,最终失去了双脚。

我每次演讲的时候,都能看到这样的情景:一个个弱不禁风的福州女士,迈着颤颤巍巍的小脚,在女仆的搀扶下来了,又走了。而她们的女佣,很像亚马孙人,大大的耳环,发髻像剑似的贴在头上。她们比裹脚的女主人要高一头,宽一个肩膀。站在那里时,双手抱在胸前,仿佛被施了魔法的巨人,受命于旁边的矮人。

假如整个中国都跟福建似的,得坏死多少双脚啊?更何况,每十个中国姑娘，就会有一个死于伤寒、湿疹或者别的什么病。汉口有一所700多名学生的学校，由一位在这里生活了30年的意大利修女做主管。临死之前，她对我说，她觉得中国女子的死亡数字是不准确的，光是她所在的地区的实际数字，就远远高于官方统计的人数。汉口这个学校给我留下了非常深刻的印象，这里有魅力十足的建筑、盛开的鲜花，还有时髦的欧洲校服。尽管这所学校是英国教会开办的，可是并没有对中国原有的建筑进行改造，也没有建造英国特色的娱乐场所、房舍与教堂，而是直接把中国房子当了教室。

中华民族的确很伟大，我们在美学上就受到其很大影响。中国的建筑往往很注意细节，就算是最不起眼的小房子，他们也会加上装饰图案，使它拥有自己的魅力。一开始我不喜欢英国教会管理的这个学校，因为它太难看；可是到了福州，看到美国人的学校，我才知道居然还有更难看的。比较起来，还是汉口的学校让人心里舒服些，干净，有秩序。此时，我想起宁波的一所妇女医院，是英国教会建造的，风格简约，很像中国大部分的建筑，看起来让人感觉很舒服。对于中国病人来说，英国建筑风格的医院，怎么也比不上中国建筑风格的医院舒适吧？

福州是中国公认的最美的港口，这座城市风光旖旎，既可以泛舟江心，又可以登山远眺。不过，因为下雨的缘故，我并没有欣赏到它所有的美。作为教育中心，福州影响力非常大。教师们对教育都很有热情，尽管思维、风格迥异，但全都很有专业素养。对英国和美国来说，他们无法想象这些教师在做什么，更无法体会他们的事业有多伟大。在传教士的教育下，姑娘和小伙子们全身心地投入到自己的学业中，根本没时间与我们交谈。如今的中国大地伤痕累累，腐败的清朝政府正被欧洲各国争相劫掠。假如中国还存在希望的话，那就是这些勤恳的青年了。

福州总督年纪很大了。当时，他正因为欧洲各国海军的种种要求而忙得一塌糊涂，所以，尽管我到了福州也没能见到他。道台倒是邀请我们去了外务衙门，它就设在一座很华丽的中国建筑里。道台和盐政司、财政司、知府等共八位高级官员，一起接待了我们，我们享用了他们准备的欧式宴会和精致的点心。由于华北刚刚发生戊戌政变，六君子蒙难，所以这些人都比较沉默，不过都表示支持反对裹脚的运动。六君子的事情，他们应该了解得很清楚，其内幕是我们这些外国人不得而知的。

忽然，道台看着我说："你很像观音菩萨！以前，在中国人的心目中只有一个观音菩萨，现在你也是，所以有两个了！"这对我来说，实在是最高的评价。可是，当我问到他小女儿的裹脚问题时，他开始吞吞吐吐，眼角还不自然地跳了一下，说："哦，没，没裹。"

我一下子就明白了，立刻转向另一个官员。那个官员的脸一下子红了，他说自己的女儿们都裹脚了。坐在我对面的财政司听了，严肃地说："我们家的女性从不裹脚，200年来一直如此。"原来，他虽然是汉族人，但是已经入旗，跟满族人一起居住。所以，他们家里的女性与满族妇女一样，从不裹脚。道台听了这话，赶紧跟年轻的领事先生说，他刚才没敢说，实际上他女儿才三岁，不到裹脚的年龄。我真心期望那个小姑娘能永远拥有一双健康的脚。

告别福州，我们一路乘船回到上海。稍作休整之后，又往苏杭去了。杭州与苏州是中国两个著名的城市，同时也是最繁华的地方。杭州不仅是宁波所在省的首府，而且曾经做过中国的首都；苏州则是上海所在省的首府。每天都有从上海去杭州的小汽船，而我住的地方出门就能坐船。河流两岸没什么可看的，乡村萧条而无趣，石桥和牌坊倒是不少，可一晃就过去了。第二天晚上，我们终于来到杭州——中国最有名的城市之一。杭州道台在外务衙门里热情接待了我们。这个外务衙门比福州那个更精致、漂亮，坐落在一个满是假山和长廊的花园里，这里垂着条条紫藤，还有石桥，很像上海的茶园。由于当时在下雨，所以，我们进来后直接到大厅去了。

　　道台、两位高级官员和几位低级官员，一起欢迎我们的到来。他们按照西方习俗，请我和领事夫人坐在首席，并端上了特意准备的西式糕点。道台对我们说，他的妻子和家里其他女眷，全都扔掉裹脚布了。这个消息让我很高兴。他还表示，非常愿意把总督张之洞那篇反对裹脚的文章张贴在杭州城里。实际上，张之洞之所以写这篇文章，是受梁启超之托，文中还两次提到梁启超的名字。梁曾经担任过《时务报》主编，古文功底深厚，他的文章感动了很多中国的读书人。1898 年戊戌政变之后，慈禧给他判了死刑，并悬赏要他的人头。如今，梁启超跑去逃难了。作为道台，怎能把写着梁启超名字的文章张贴出来呢？所以，这件事后来也就没有再提。我们是无法改动这篇文章的，中国古文就像弥尔顿的十四行诗，即使改一个字都是犯罪。当然，我们还想继续使用这篇文章，所以只好请张之洞总督亲自修改。他答应有时间了肯定改。当时是 5 月底，6 月份太后就下旨驱逐在华的外国人，还派兵包围了北京各国公使馆。因此，李鸿章便没时间给我们写文章，而张之洞也没有闲暇为我们改动文章了。

　　一天下午，我们去参加一个杭州妇女的集会。与会的女士们都穿着鲜红的绸缎衣服，在黑色的头发上别着绿玉首饰，这些颜色交杂在一起，感觉很奇怪。估计这些女士们只注意到自己鲜艳的衣服，而忽视了头上的首饰——它们不仅把头发压趴下，还与红色的衣服相冲，造成了奇怪的效果。其中一个19岁左右、打扮得很漂亮的姑娘说，她就算裹着脚，也是想跑就跑，想跳就跳。她边说边拉住我们的手，做了几个大幅度的跳跃动作。我心想，她的脚肯定很疼。可从她脸上看不出一点痛苦的样子，她说自己一点也不累。

一双小得可怜的畸形脚，能完成如此剧烈的跳跃动作，真是令人不敢相信。可以看出这姑娘是个有活力的人，却也压抑到如此地步，竟然需要如此的方式来发泄，想来令人胆寒。也许自行车能帮她释放过多的精力，就算摔倒也没什么。不过，谁也没说裹脚的姑娘不可以骑自行车，况且她又生在有钱人家。

苏州也给我们留下了深刻印象。我们并没有受到官方接待，因为苏州所有的官员都要离开了。和去宁波时一样，官员们没时间接待我们，都在忙着迎接新上任的官员。我接到一位美国医生的邀请，去给他的学生们讲解一下裹脚的危害。终于，我可以不用翻译，直接用英语跟别人交流了。不过，我不能保证自己说的他们都能听懂。因为我的词汇跟他们常用的医学用语有很大区别，而且我说的是英式英语，而他们的是美式英语。可是，当我问到谁能举例说说裹脚有什么好处时，有两个小伙子立刻勇敢而肯定地回答："好看！"后来我才了解到，这两个小伙子都定亲了，女孩都是裹着脚的。

我一下子有些难过，肯定是我的问题让他们产生了误解。我应该问他们，是鞋子漂亮，还是鞋子里的脚漂亮。他们说的漂亮，肯定指的是鞋子，因为他们肯定没有见过女孩子的脚。我是见过的，每一双小脚都奇丑无比。或许每一个中国男人摸着新娘的小脚时，脑子里都在幻想它与缎面绣花的小鞋一样，美丽而小巧玲珑吧？别的学生跟这两个人不同，他们很想立刻亲自组织一个反裹脚协会。

第二天我们举行了一次专门为中国男人开的集会，会后立刻有听众自己开起小会来，决定成立一个反裹脚协会，并把地点设在苏州附近一个盛产丝绸的小镇。他们还决定，随时在报纸上刊登工作进展的情况。医院的小教堂是开月例会的好地方，于是，他们立刻派人去询问能不能借用，否则就赶紧另外选址。不过，他们觉得小教堂是最理想的场所。

在被称为中国巴黎的苏州，能看到如此有热情的人，真是非常难得的事。因为有人曾经警告我，说苏州人只关心服装和时尚，其他的什么都不关注。首先验证这一点的是女士们的集会，她们都穿着高雅的服装，面带微笑地相互点头问候 —— 真是美极了。我在中国生活了 15 年，第一次见到如此美丽的中国女人，是那种艳丽而不显妖媚的美。

奇怪的是，这些女士穿的全是浅蓝色的衣服。款式与杭州女士的一样，贴身剪裁，类似于英国的紧身服装，比中国西部妇女的衣服合体得多。袖子紧贴肩膊，露出小臂，而不像一般的中国服装那样，袖子一直垂到手腕那里。可以看出，苏杭女士们的服装剪裁合体，非常漂亮，是当今中国最时尚的式样。她们所有人的衣着都非常合适，而且端庄大方，不拘谨。这是我们的服装无法达到的，我们西方女士的服装通常是这样的：头上斜戴着大帽子，身上披着宽大的假袖子，穿小裙子时，衣不蔽体，穿大裙子时必须用手提着裙摆，否则没法走路。再看苏州女士的旗袍和缎子上衣，又漂亮，又方便舒适。

对于英国女士模仿苏州女士的旗袍和裤子，我表示支持；如果苏州女士模仿英国女士的衣服，我一定要反对。

这是最拥挤的一次集会，即使打开所有的窗户，待在小教堂里也还是觉得无法呼吸。听众们把小教堂挤得无处下脚，窗户被堵得密不透风。集会还没开始，就有四位女士晕倒，被抬出去了。我的演说似乎并没有打动杭州的女士们，她们穿着时尚的衣服在我眼前拥来挤去，三个一群两个一伙地凑在一起。我不知道她们在说什么，可是她们的悠闲自在告诉我，她们自我感觉非常好。我想，如果要和她们探讨裹脚的问题，只有直入主题了。直接告诉她们，在我看来裹脚是多么可怕，会造成怎样不良的后果。中国的广大女性都是裹脚的受害者，这些女士肯定比我更清楚裹脚有怎样的危害。

这次的翻译是个有美国国籍的女士，尽管从生下来就在中国生活，可她并没有失掉美国人的热情。对于中国妇女的裹脚问题，她同样很关注。由于屋里太热，不得不时常停下演说，休息一下。一位坐在前排的妇女吸引了我的注意力，我想，她大概是当地最有地位的女士。她说的话都很短，每说一句就会稍作停顿："我希望别再有人提我的脚，讨厌讨论裹脚的问题！我要加入天足会，解放自己的脚！"听到这里，坐在她后面第三排的一位女士喊道："不！我要先来！"

之前有人对我说过，这位女士是苏州文化修养最高的一位，会写古文，她的丈夫很为拥有这样的妻子而骄傲。盐政司的妻子家里有五个女眷，她不仅领了自己的会员证，还把她们的也领走了。集会结束的时候，几个年轻女士伤感而又很体面地说："我自己做不了主，需要征求家里的意见。"结果，除去这几个人，到会的所有女士都参加了天足会。很多人还说，要为废除裹脚制度尽一点绵薄之力。

离开苏州的时候，我心里充满了希望。苏州的女性又优雅又前卫，假如双脚的束缚被放开，肯定会有力地推动废除裹脚的运动。没过多久，华北爆发了义和团运动，慈禧太后下旨驱除所有在华的外国人。苏州局势也开始动荡起来，我很担心由于时机不对，苏州的女士们不敢站在维新派一边，不再放开双脚。不过，也许她们的双脚已经解放了。

1900 年的义和团运动，让我们看到了中国人的良知，以及为了保护良知而表现出来的勇敢与无畏。很多外国人受到中国官员，以及穷苦人的保护，而且绝大部分向外国人伸出援手的是那些自身难保的穷苦人。虽然他们知道，这样或许会让自己丢掉性命，但他们依然那样去做了。中国的百姓厌恶战争，也不善战，但并不是说他们没有勇气。因此我想，那些优雅时髦的苏州女士，大概已经解放双足，实现了自己的诺言。在中国开展反对裹脚的运动时，我们努力节约开销，可依然受到八国联军的巨大影响。面对疯狂的义和团团民和猖狂的俄国、法国士兵，那些裹脚的妇女根本没有逃跑的机会。裹脚促使她们离开了人世，这对那些保住性命的男性亲属来说是多么惨痛的教训。

在太平天国起义中，很多裹脚的女人不是被屠杀，就是集体自杀，当时的情景非常惨烈。直到现在，妇女们想起来依然心里很害怕。还敢继续裹脚吗？凡是亲历太平天国起义的中国男人都发誓说，再也不会让他们的女人裹脚了。对于直隶、山东和山西，也可以采用这种可怕的战争方式帮助废除裹脚吧？到时候肯定会有恐惧与惊慌，可那样一来，这种折磨妇女的人间惨剧就不会再上演了。战争很快会过去，可是，中国妇女受到裹脚的折磨已经有一百多年了。

中国西部的妇女全都是裹脚的，八国联军并没有影响到她们，所以她们看不到裹脚的惨痛教训。真心希望那里的反裹脚组织能对她们进行劝说，从而解放她们的双脚。当时发生在中国北方的这场暴行，官方不许报道；欧洲的新闻界，对这件事也出人意料地保持了沉默。可是，那些战地记者却吓得魂不附体地哀号道："地狱之门打开了！这里就是地狱！"从这句话可以看出，义和团和八国联军在华北做了什么。

假如妇女们真的因此而彻底解放双足，那么这种种暴行反倒成为功德了。中国妇女占全国人口的一半，当然也是另一半人口的母亲。如果母亲无知、体弱、肢体残缺，那么她们生养的后代肯定也逃离不了软弱的命运。细细想来，有哪个受到万民称颂与爱戴的男子汉，是在裹脚盛行之后出生的呢？人们发出心底的呐喊："他在哪儿？"在中国的历史上，很多救世主的诞生都对历史的进程起到了推动作用。可如今，尽管中国人认为救世主降临的时机已过，却依然在振臂高呼："他在哪儿？"

图书在版编目（CIP）数据

穿蓝色长袍的国度 /〔英〕阿绮波德·立德著；陈
美锦译 . —上海：上海三联书店，2019.6
ISBN 978-7-5426-6687-1

Ⅰ. 穿… Ⅱ.①阿… ②陈… Ⅲ .①中国历史－史
料－清后期 Ⅳ.① K252.06

中国版本图书馆 CIP 数据核字（2019）第 089679 号

穿蓝色长袍的国度

著　　者 /	〔英〕阿绮波德·立德
译　　者 /	陈美锦
责任编辑 /	程　力
特约编辑 /	肖　瑶
装帧设计 /	**Metis** 灵动视线
监　　制 /	姚　军
出版发行 /	上海三联书店

　　　　　（200030）中国上海市漕溪北路 331 号 A 座 6 楼

印　　刷 /	北京天恒嘉业印刷有限公司
版　　次 /	2019 年 8 月第 1 版
印　　次 /	2019 年 8 月第 1 次印刷
开　　本 /	640×960　　1/16
字　　数 /	161 千字
印　　张 /	14.5

ISBN 978-7-5426-6687-1/K · 530

定　价：39.80元